U0683775

生活因阅读而精彩

生活因阅读而精彩

你好，陌生人

最简单高效的陌生人社交法则

HELLO, STRANGER

希 克◎著

中国华侨出版社

图书在版编目(CIP)数据

你好,陌生人 / 希克著.—北京:中国华侨出版社,
2014.6

ISBN 978-7-5113-4705-3

Ⅰ.①你… Ⅱ.①希… Ⅲ.①心理交往–社会心理学–
通俗读物 Ⅳ.①C912.1–49

中国版本图书馆 CIP 数据核字(2014)第113856 号

你好,陌生人

著 者 / 希 克
责任编辑 / 严晓慧
责任校对 / 孙 丽
经 销 / 新华书店
开 本 / 787 毫米×1092 毫米 1/16 印张/18 字数/280 千字
印 刷 / 北京建泰印刷有限公司
版 次 / 2014 年 8 月第 1 版 2014 年 8 月第 1 次印刷
书 号 / ISBN 978-7-5113-4705-3
定 价 / 32.00 元

中国华侨出版社 北京市朝阳区静安里 26 号通成达大厦 3 层 邮编:100028
法律顾问:陈鹰律师事务所
编辑部:(010)64443056 64443979
发行部:(010)64443051 传真:(010)64439708
网址:www.oveaschin.com
E-mail:oveaschin@sina.com

前　言

　　人与人之间的关系都是一个从陌生到熟悉的转变过程，任何关系都是从陌生开始的。

　　面对陌生人，很多人都有害羞、戒备、恐惧等心理负担，这些心理上的负面情绪对人际间的正常交往形成了诸多不良影响。因此，突破人与人之间的隐形障碍显得至关重要。

　　在这个竞争激烈的时代，人们与陌生人之间的交往比以往更为频繁，如果没有良好的人际关系做支撑，在社会交际、工作生活中将寸步难行，也会遇到很多困难和问题。因此，我们要敢于打破固有的交际陈规，勇敢地迈出去，大胆地对陌生人说"你好"，从陌生开始，从陌生人中找到贴心的朋友。

　　陌生是暂时的，重要的是打破陌生感，拉近心与心的距离，创造持续长期交往的机会。克服负面心理，提升个人形象魅力，加强对自信心和勇气的培养，在面对陌生人时，优雅地说一声："你好！"当一个身姿优雅、面露真诚的女士或男士与自己沟通对话时，相信没有人会关闭心门，将对方拒之门外、不理不睬。

　　本书是一部有关社交的心理学读物，本书实用性和指导性并存，通过简洁明了的语言和生动有趣的事例，将心理情绪进行清晰、明了的阐释，使读者掌握关键的沟通技巧，能够在最短时间内打破内心存在的社交恐惧和抵触情绪，能够轻松地驾驭与陌生人之间的谈话，尽快和陌生人成为朋友，提升社交能力，更好地融入社会。

目 录
CONTENTS

第一章　003　陌生人不可怕

心理的突破　006　陌生人并非我们想象的那么危险

如何消除对陌生人的恐惧　009　鼓足勇气，开口吧

012　走出害羞心理

015　成功从拒绝开始

018　深呼吸，减轻内心紧张感

020　自卑永远是交往的心魔

023　朋友从陌生人开始

第二章　029　巧妙开场，自然靠近他（她）

魔鬼搭讪　032　微笑，让搭讪零距离

3秒钟打破零距离　035　察言观色，准备好再搭讪

039　独到的眼力让搭讪更有效果

042　搭讪要自然

045　怎样才能靠近他

048　创造吸引力：得体的举止

052　赞美：魔鬼搭讪法

第三章
快速沟通
从陌生到熟悉的转变

057　好话题：畅通交流的开始
061　倾听，激起对方的表达欲
063　用真诚赢得热忱
066　好奇心助你推销成功
068　你能消除对方的戒备心理吗
070　展示自己的幽默，化解沟通障碍
073　美化表达，让彼此愉悦
078　"尊重"帮你绕过雷区

第四章
完美收场
印象深刻让交往持续

085　一个完美的"收尾"
087　道别的方式
091　相送的礼节，锦上添花
096　为下次见面创造机会
098　交往的维持

第五章
印象效应
打造第一眼的完美印象

103　优雅的举止，为第一印象加分
106　社交中不可轻视的仪表美
110　决定成败的首因效应
113　带动全世界和你一起微笑
116　眼神的信号
120　如何让对方牢牢记住你
123　坦诚展现你的优缺点

125　个性风采，人际交往中的魅力

129　人际交往大忌：口无遮拦

第六章　　　135　他的真实意图是什么

直抵心灵　　138　隐藏在言语中的内心世界

掌握人际交往的法宝　140　进入他人的"私人乐园"

142　不只是一次谈话

145　赞美，改变你和他

147　不要触碰他人的个人隐私

149　不在别人的伤口上撒盐

第七章　　　155　借赶场的机会，结识新朋友

邂逅陌生人　158　与陌生人的邂逅

我们的朋友遍天下　162　理性看待网络交友

166　给陌生人一个机会

168　谈判桌上的艺术

第八章　　　175　真诚的赞美才有力量

身份认同　178　适当的称赞

解除陌生人的心理防线　181　给予对方认同

183　认同对方的兴趣和爱好

186　具体化的赞美，深入人心

189　巧借名片表达肯定之意

第九章   195   甘心做绿叶

放低姿态   198   尊重每一个人

满足陌生人潜在的表现欲   201   "低姿态"与"高姿态"

    204   把对方作为交谈的重点

    207   倾听，不是审讯

第十章   213   不容小觑的称呼

情感传递   216   欲识真人，必付真心

寻找到连接彼此情感的纽带   219   有原则的"合群"

    222   熟知对方的说话方式

    225   永远都要懂得换位思考

第十一章   231   记住对方的名字

细节决定成败   234   交谈中不可三心二意

于细微处润物无声   237   打断他人谈话是一种无礼的行为

    241   用眼神交流，以表赞许

    243   用眼睛注视对方

    246   坚定有力的握手

    250   5个细节赢得人心

    253   肢体语言

第十二章
心灵沟通
把话说到对方的心坎里

259　从面部表情透视心理

262　把话说到点子上

266　把握对方底线，交流事半功倍

269　把话说到对方的心坎里

272　擅用优美言辞，激发对方交谈积极性

第一章
**心理的突破：
如何消除对陌生人的恐惧**

社交中的紧张感是一种本能反应。面对陌生人，如何消除内心的紧张感、恐惧感？如何卸下腼腆、焦虑的面具，大胆地迎上前去？勇气和自信，是战胜这些窘态的利器。

陌生人不可怕

面对陌生人，当我们能敞开心扉时，他们也会作出积极的回应。

中国人的传统观念告诉我们："不要轻易和陌生人说话"、"防人之心不可无"……这些观念虽有其可取之处，但也有极大的弊端——它将陌生人拒之门外。然而，所有的朋友都是由不认识变为认识的，都是由陌生人变成熟人的，将陌生人拒之门外正是扩大社交圈子的最大障碍。我们应该消除对陌生人的恐惧心理，把他们当作与我们一样的普通人来看待，勇敢地对陌生人敞开我们的心扉。

你或许会这样认为，一个在熟人圈里得心应手、如鱼得水的人，在陌生人面前自然也会落落大方。

然而，这个推断并不是100%的准确，有相当数量的人在家人和朋友圈里都很随便，但一遇到陌生人、陌生的场合，他们就会感到浑身不自在，仿佛处处都是陷阱，而人们的目光，即便是友好的目光，在他们看来也如芒刺一般。他们虽然也渴望与陌生人交流，但就是"有那贼心，没那贼胆"。

今年24岁的小沫，是某知名院校设计专业的大学生。眼看就要毕业了，她的担心与忧虑却越来越重。虽然她和同学与老师的关系相当融洽，但她却害怕见到陌生人，每当与陌生人交流时，经常会紧张得说不出话来，甚至有晕倒的感觉。为此，她几次求职均受挫折，一直打不开自己的交际圈，更不知道毕业后该如何踏入这个社会……

小沫为此十分苦恼，她内心其实很想与陌生人交往，但是她一见到陌生人就不由自主地感到恐惧。

逢年过节，总有很多人会带着一些礼物来看小沫的父母，家里很热闹。平时遇到这样的情况，客人们总会事先打电话过来，小沫就跟父母讲要出去一会儿，然后，她就在外面独自散步。等到客人差不多都走了时，小沫再打电话回家，问客人走了没有，她要等客人走了以后才回去。

无独有偶。李玲在某外企做部门主管已经好几年了，与同事和下属沟通起来游刃有余，办事雷厉风行，可一见到陌生男子，她就会紧张、脸红，甚至连与对方对视一眼的勇气都没有。

曾有位陌生的男士追求她，她也对那位男士颇有好感，心里还想着怎样尝试着去和他交往。但是每当那位男士出现在她面前的时候，她都会觉得十分不自在，甚至不顾男士的感受而采取种种逃避的行为，最终导致男士对她产生厌恶感，一段刚刚萌芽的感情就这样不了了之。

上述故事中的小沫与李玲之所以不敢与陌生人说话，原因是比较复杂的，不过有一点可以肯定的是，这些人通常是完美主义者或幼时受过某种心灵上的创伤。"一朝被蛇咬，十年怕井绳"。这种心理上的阴影需要时间和正确的疏导才能克服。这种人多少有些社交障碍的，应该针对不同的情况采取相应的心理和生理措施。

有相当多的人认为现在社会太过复杂，报纸上、电视里总能看到一些上当受骗的事例，父母也都在提醒他们不要与陌生人太接近。所以，他们对陌生人有着很强的防范之心。虽然他们也认可陌生人也不全都是坏人的观点，但觉得有所防备才能避免吃亏。

在沈阳打工的小郑坐上了返回老家河北的火车。途中，他把家庭住址和电话留给了一个初识的男子。很快，小郑的家人就接到小郑"病重"的消息，打电话的人还留了个账号，让其家人给寄医疗费。家人为了不耽误小郑的"治疗"，寄了2000元钱。但是，10个小时后，小郑却没事人似的回了家。

很多人之所以会对陌生人有着极强的戒备心理，是因为他们或其身边的人曾遭受过陌生人的欺骗，生活中也的确有不少这样的例子。然而，这些被骗的教训可以让我们多一些积极的防范意识，避免受骗。但是，我们不能消极地躲避所有的陌生人。人们也常常感慨世上还是好人多，这很多的好人就是陌生人。有时，陌生人也能成为好朋友，让自己收获一份难得的友谊。

我们当中有一些人觉得与陌生人交往太过危险，对陌生人往往采取敬而远之的态度。其实，这是不对的，我们需要敬而远之的是行骗的陌生人，需要提防行骗的伎俩。毕竟，我们需要通过与陌生人交往才会收获更多新的东西，真诚的朋友都是从陌生人开始的。

陌生人并非我们想象的那么危险

心理学实验表明，和陌生人交谈，碰到好人或正常人的概率要远远大于碰到一个歹徒或骗子的概率。

其实，我们没有理由去恐惧陌生人，这是因为我们也是别人眼中的陌生者。但是，我们中的很多人却对陌生人心存芥蒂、讳莫如深。

法国社会学家弗里德曼对现代社会的陌生性是这样描述的：走在大街上，陌生人保护我们，像警察；发生火情了，陌生人扑灭燃烧的建筑物，像消防员；是陌生人教育我们的孩子、建筑我们的房子、用我们的钱投资；是陌生人在电视、报纸和互联网等媒体上告诉我们地球另一面的新闻；重病住院是陌生人为我们做手术，解除我们的病痛……

陌生人在我们的日常生活中扮演了重要的角色，但"不要和陌生人说话"或者"不要与陌生人交心"似乎已经成为人们的一种普遍共识。

当我们行走在清晨的街头，假若我们微笑着向一个不认识的人说"早上好"，他一定是一脸的惊讶与怀疑。而假若你是一个 30 多岁的男人，向一位 20 多岁的女子这样表现，你就很有可能被回敬一句"神经病"。在他们眼里，陌生人是危险的，所以陌生人的任何举动都是危险的，即使对方带着一种善意，那也是一种别有用心的善意。

我们没有确凿的数据显示和陌生人交往的危险系数有多高，即便是有那么一个数字，也不是绝对的。我们来看下面这则故事：

有个男人正走在路上，迎面走来一个陌生人。陌生人像一般的骗子那样，从怀里拿出个形状古怪、色彩陈旧的东西给他看。陌生人说："这个古董，至少值2000元，因来当地做生意被骗了，想用它抵200元回家的路费。"见那个男人很犹豫，陌生人又补充道："在你之前我问过9个人，都说我是骗子，你愿意帮助我吗？"

正好他那天的心情不错，想做个测试，或者做个傻瓜。他说："古董呢，我不懂，我就先借你200元好了，你日后有钱了回来还我。"事后周围所有的人都笑那个男人把钱白白地送给了骗子。令人没想到的是，一个多月后，陌生人将钱送还给了他。

正当那个男人热心为"骗子"平反之时，陌生人又找上门来，这次他带了一大堆古董字画。陌生人说："我将去遥远的地方闯荡，也许一时半会儿回不来，也许永远都回不来，家中又没别的人，想将这批祖传的宝贝转让给一个信得过的人。"那个男人问总共值多少钱，陌生人回答，至少30万元。他笑着说，我总共只有3万元存款。对方说那就3万元。他暗自叫苦，心想，这下自己可能真的上当了，如果这个人真如别人所说是个大骗子，我该怎么办呢？但考虑到之前陌生人的守信，再说自己也已答应别人了，总不能出尔反尔吧，于是勉为其难地将那批古董收下了。

等陌生人走后，他不抱多大希望地请来行家鉴定。结果是，那堆古董远不止30万元。

他是个社会学讲师。日后他在课堂上对学生讲述完这段故事后说：10个看着像骗子的陌生人中，只有一个是真骗子，其余9个都是好人。但我们现实生活中，10个常人中却有9个把陌生的好人当骗子，只有一个相信他是真好人。

我们之所以对陌生人那么戒备，最主要的原因莫过于害怕陌生人会给我们带来危险，对我们的人身造成伤害。而心理学实验表明，人类很多特性的分布都有一个规律：特别好和特别差的人各只占 2%左右，中间水平的占 95%，也就是说绝大多数的人都是相差无几的。

这样看来，陌生人并非我们想象的那么危险。如果按照概率，我们更容易碰到 95%的中间水平的人。

著名作家刘心武先生在他的《心灵体操》一书中提到，他母亲就是一个特别喜欢和陌生人说话的人，特别是在某些公众场合，尤其是在火车上，他的母亲都喜欢将自己的家事告诉那些与她只有一面之缘的陌生人。

有一年的冬天，刘心武和他的母亲从北京坐火车去张家口。那时他已经工作多年，觉得自己很成熟了。坐的是硬座，座位没满，但车厢里满是乘客身上散发出的各种难闻的气味。有两个年轻人坐在他们对面，看上去很凶，身上的棉衣破洞里露出些灰色的絮丝。刘心武的母亲竟然去跟对面的那个小伙子攀谈，问他手上的冻疮怎么不想办法治治，又说每天该拿温水浸它半个钟头，然后上一些药。

谁知那小伙子冷冷地说："没钱买药。"还跟旁边的另一个小伙子对了对眼。刘心武觉得不对劲，忙用脚尖碰了碰母亲的鞋帮。刘心武的母亲却不理会儿子的提醒，而是从自己随身的提包里摸出一盒如意膏。打开盖子，里面的药膏是肉色的，散发出一股浓烈的中药气味。她就用手指剜出一些，给那个小伙子放在座位当中那张小桌上的手上的冻疮抹药膏。

那小伙子最初想要把手缩回去，但刘心武母亲的慈祥与执着，使他不好拒绝，一只手抹完了，又抹了另一只。另外那个青年后来也被刘心武母亲劝说得擦了药。

刘心武母亲一边给他们抹药，一边跟他们聊天，大意是这如意膏药厂家已不再生产了，这是家里最后一盒了。这药不但能外敷，还能内服治感冒等病症。

最后，她竟把那盒如意膏送给了对面的小伙子，并嘱咐他要天天擦药，别小看了冻疮，不及时治疗，抓破感染了会得上大病。她还想跟那两个小伙子聊些别的，可那两人却不领情，似乎去厕所后就没再回来了。

等火车到了张家口站，下车时，只见警察押着几个抢劫犯正往站外走。刘心武一眼就认出里面有原来坐在他们对面的那两个小伙子。又听有人议论说，他们这个团伙本来是要在三号车厢动手，都计划得好好的，不知怎么后来就跑到七号车厢去了，结果就被逮捕了……刘心武和母亲乘坐的恰好是三号车厢。

从刘心武母亲的故事中，我们不难看出，和陌生人交往，有时候也的确难免遇到一些心存歹意的坏人。但是，这种概率是很小的。所以，我们面对陌生人时应多一些从容的心态，不要顾虑太多，只有这样我们的人生才能够过得丰富多彩。

鼓足勇气，开口吧

开口之前先给自己打打气，并暗暗地告诉自己：我一定能行。

我们当中有很多人在与陌生人进行交流的时候会存在这样的心理障碍：羞于或不敢于对陌生人开口，让他们说出第一句话甚至比登天还难。其实，与陌生人交流很容易。只要我们鼓足勇气，开口之前先给自己打打气，并暗暗地告诉自己：我一定能行。如果你做到这样，你就会发现，其实，与陌生人交谈并不是一件困难的事情，更不是一件让人恐惧的事情，甚至还会给你带来意想不到的惊喜。

我们先来看看"世界上最伟大的推销员"乔·吉拉德的故事吧。

一连12年，乔·吉拉德一直在底特律市的一家雪弗莱汽车经销行担任汽车零售推销员。在他担任推销员的期间，他一共售出了13000多部汽车，这一惊人的成就使他登入了吉尼斯世界纪录，最终成了"全世界最伟大的推销员"。

每天我们都会遇到不同的陌生人，这一点是毋庸置疑的。推销员职业的特殊性，决定了其与陌生人打交道是习以为常的。作为世界上伟大的推销员，乔·吉拉德具有超强的与陌生人打交道的能力。但是，在最开始的时候，他在面对陌生人时也会产生一些恐惧心理，但是每次在对陌生人开口之前他都会给自己打气，告诉自己："我能行！"时间长了，他就成了一名与陌生人打交道的高手。有一天，他想到了一个如何向陌生人推销汽车的好主意。给自己打足气之后，他是这样做的：

乔·吉拉德随手从电话簿上撕下两页。首先，他让自己注视着那张电话名单两三分钟，找出那些听起来比较悦耳的名字，然后拿起话筒拨号。

一位女性接电话。

"喂，您好，您是克瓦尔太太吧！我是梅诺丽丝雪弗莱汽车公司的乔·吉拉德，您订购的车子已经到了，所以通知您一声。"（注意，这个电话是乔随意打的，当时眼睛还注视着电话簿的他，仅仅知道对方的电话号码、住址而已，至于谈话内容则是他随机应变的。）

"你恐怕打错电话了吧？我们没有购买车子啊！"

"真的没有吗？"

"当然，我没有听我先生提起过。"（这个时候，他依然不想退却，为自己打气，并暗暗地告诉自己只要随机应变，还有机会。）

"请您稍等，您那里是克瓦尔先生家吗?"

"不，我先生叫史蒂芬。"（其实，电话簿上已有记载，他早明白。）

"真对不起，打扰您了。"（这时候，她可能会说"哪里，哪里"或"没关系"。不管怎样说，乔的工作尚未完成，所以他不会让她就这样挂断电话。）

"史蒂芬太太，您家就不想买部新车吗?"

"想买。"

"是吗? 那么什么时候打电话给您先生比较方便呢?"

"他一般6点回家。"

"我知道了，等一会儿我再打过来，希望不会影响到你们吃晚饭。"

"我们通常在6点半左右吃晚饭。"（等对方回答后，乔·吉拉德才满意地挂断电话。到了6点，他会做什么事情已是不言而喻的了。）

"喂，您好，您是史蒂芬先生吗? 我是梅诺丽丝雪弗莱汽车公司的乔·吉拉德，今天下午我打电话给您的太太时，她要我这个时候再打电话给您，我想请问您是否有意购买雪弗莱新车?"

"不，目前尚无此打算。"

"那您什么时候想购买呢?"（对方或许只想尽快摆脱他，但与其考虑如何说谎话，还不如说出真心话较轻松!）

"大约半年后就必须换新车了。"（于是，他便开始作结论。）

"我知道了，到时我再联系您。我很冒昧地请问，您现在开的是什么牌子的汽车呢?"

待对方回答后，乔向他表示感谢并挂断电话，随即将他的名字、住址、电话号码及通过谈话所了解的有关他工作的地点、子女人数等一切资料，全部记录在了卡片上，做成卷宗和邮票广告名册。且在日记簿上记录的不是他所说的6个月后，而是在5个月后某一天的6点那一栏写下来。到了那一天，乔再打电话给史蒂芬先生，并想方设法地让他产生想买他所说车子的欲望。

一个只有联系方式的陌生人，就这样成为了乔·吉拉德的准客户。

从上面的故事中，我们可以看出，乔·吉拉德看似漫不经心的陌生电话拜访，实际上包含了很多的勇气与技巧。其实，乔·吉拉德的角色换成你也是一样的，只要你像他一样，开口前为自己打足气，表达出自己想要表达的意思来，就一定能够掌握和陌生人相处、交谈的技巧，并最终成为与陌生人打交道的高手。

走出害羞心理

害羞让我们失去了机会，放不开则让害羞主宰了我们。

每个人多多少少有些害羞。国外相关研究表明，约40%的人都承认自己是害羞的。可见，害羞并不是一种病，而是一种非常普遍的现象，诸如，面试时，不敢直视考官的眼睛；发言时，看见台下的听众就脸红心跳……相信我们很多人都吃过害羞的"苦头"——不能充分表达自己的想法，展示自身的优势，让机会与自己擦肩而过。

我们先来了解一下人为什么会有这样或那样的害羞心理。美国斯坦福大学的心理学家研究发现，害羞与基因有着一定的关联。他发现，害羞的人有1~2个基因比较短。这些基因和大脑中一种名叫血清素的化合物的分泌有关，血清素能影响人的焦虑、抑郁和其他一些情绪状态。

虽然相关研究发现，害羞与基因有关，但害羞并非不可克服。运用一些简单的方法，就能让羞怯远离我们。

给予支持和关怀的环境是害羞族踏出破冰的第一步。在卡耐基训练课堂上，学员必须轮流上台和大家聊天，即便他词不达意、颠三倒四，讲师和其他学员都会找到他的优点加以肯定与赞扬。

美国沟通专家利尔朗蒂在《再见，脸红心跳》一书中指出，外部环境的创造固然重要，但克服害羞关键还是要从自身着手。利尔朗蒂说自己曾经也经历过"害羞得恨不能变成隐形人"的心理煎熬，后来之所以能在全美巡回演讲，就是得益于克服害羞的步骤疗法。

为克服害羞，我们具体应该怎么做呢？

首先，在一张纸上列出让你感到恐惧的清单。按照恐惧程度大小，逐条列出让自己害羞的人和事，比如害怕见到的人分别是老板、客户、陌生人等。罗列得越详细越好，以便日后更有针对性地逐一克服。

其次，要和那些人缘好的人做朋友。尤其是同性中的性格开朗的那些人，害羞的人更容易被朋友这种活泼外向的个性所感染，自然能帮这种朋友开口说话。

最后，一些传统方法对克服害羞也很有效。如打好腹稿再说话、多和朋友聊天、对着镜子进行自我练习等。

而最新的研究又给害羞者提供了一个好办法——找陌生人谈话。哈佛大学心理学家杰罗姆·卡格恩建议，远离害羞，首先从与陌生人交谈开始。研究人员提出，招待酒会和聚会是结识陌生人最好的场所，这期间，我们要尽量多和不熟悉的人坐在一起，并找机会与之进行交谈。卡格恩说："当我们同陌生人在一起时，害羞要比正常紧张或半信半疑的焦虑状态更强烈。"我们不妨这样想，当我们能克服这种超常的紧张时，和熟悉的人在一起就更不成问题了。

　　除此之外，与陌生人交谈更能培养独立性，从而帮助我们克服羞怯。我们大家都知道，在熟悉的人之间存在一定的既定关系，如朋友、亲人、爱人等，面对这些人，害羞的人内心会产生一种依赖感，自然会感到放松。而同陌生人交谈，彼此之间是独立的个体，这种对等的关系会培养我们的独立性。与此同时，与陌生人说话还要更讲究艺术与技巧，这可以锻炼人的交流沟通能力。当独立性和交流技巧提高时，我们的羞怯感也就自然而然地克服了。

　　对于那些羞怯的人来说，怎样和陌生人交流呢？

　　和陌生人说话时，你可以先看着对方的某个部位，如手表，然后再慢慢地将视线转移到对方的脸上。害羞的人，要理性地看待别人，尤其是陌生人的评价，不要以为别人都在注意自己。除了跟陌生人说话外，还可以进行一些与陌生人交流的模拟训练。比如，闭上眼睛，把空椅子当作陌生人，想象和他们交流的细节与情景，这样反复锻炼一段时间后，你就能意识到，羞怯已不再那么纠缠你了。

　　害羞心理会让一个人失去更多的机会，让自己封闭在自己的狭小圈子里。因为害怕、担心，所以才会害羞。然而，一旦让自己变得平和起来，学会用积极的心态去看待，掌握必要的技巧和方法，就能战胜害羞的心理。放平心态，才能赶走害羞，让自己收获开朗与阳光。

成功从拒绝开始

日常的工作与生活中，我们往往不敢做某些事，不敢与人打交道，更害怕向别人求助，这一切都是因为我们害怕被别人拒绝。被拒绝、难过、受伤，正是这些情绪让我们不敢行动。

害怕遭到别人的拒绝，是我们很多人不敢与陌生人说话的最主要原因之一。这种害怕拒绝的心理，在人与人初次见面时最容易发生。

日本的保险推销大王齐藤竹之助说，被人拒绝是社交中再正常不过的事情了，可以说，没有哪个人没有被拒绝过，特别是那些从事推销职业的人，拒绝对于他们而言更是家常便饭，但是，他们正是在一次次的拒绝中促成生意的。因此，对于陌生人，我们没有必要担心被拒绝。多一份从容，多一些淡定，很多的陌生人就会成为你一生的好朋友。

我们来看下面这则故事：

一位讲师在对新进来的销售员进行培训。

"首先，我先问大家一个问题，请这位同学回答我，做什么最容易获得成功？"讲师指着一个人问道。

"销售！"那人回答说。

"对，就是销售，销售最容易让人成功，我们这里做过销售的请举起你的手。"

讲师点了一个举手的女生问："既然做销售最容易成功，为什么还是没有多少人愿意去做呢？"

"害怕被拒绝！"女生迟疑了一下说道。

讲师拿出黑笔，在白板上重重地写了"被拒绝"几个大字。

"年轻人为什么找工作难，找不到好的工作，因为……"讲师顿了一下，用大黑笔在白板上重重地写了两个大大的字——面子，并圈了起来，并在旁边写了两个字——放下，然后和那个"被拒绝"三字之间画了个等号。

"我们都知道做销售最容易获得成功，可是我们大部分人都选择了待在写字楼里面，因为你们害怕被拒绝，放不下自己那点可怜的面子，年轻的时候放不下面子，到年老了你就没有什么面子可言了。很多成功人士都是从基层销售员做起的。他们挨家挨户地去敲门，推销自己的产品，被人拒绝了无数次，才会那么的成功。"

看完上面这则故事，我们会作何感想呢？如果我们能够放下面子，不怕被人拒绝——当然最多的是陌生人的拒绝，沉下心来，用心去思考别人拒绝我们的原因，总有一天，我们会变成别人眼中的"万人迷"。

我们常常不敢做某些事，不敢与人打交道，更害怕向人求助，一切都因为我们害怕被别人拒绝。为了能够让自己成功的概率大些，我们一定要学会挣脱"害怕拒绝"的网。

有报载说，有位可怜的父亲，儿子考上大学了，他却自杀了。因为他无法支付儿子的大学费用，又不敢向亲戚邻居求助，面对孩子渴求的目光，他无可奈何，在极度愧疚中，采取了自杀这种极端的方式。他宁愿自杀也不想求助于人，这是一位害怕被拒绝的极端例子，虽说现实中很少有人会这样，但这种心理却极为普遍。

害怕被拒绝的人往往心思细腻却性格软弱，细腻敏感的心灵使他们放大了人性的自私面。

　　面对现实中的确存在的某些难以逾越的障碍，他们深感自己的无力与无能，却因害怕遭到别人的白眼或拒绝而放弃了向人求助，只能"孤军备战"，以至于在绝望的泥沼中越陷越深。

　　其实，"拒绝"并不可怕，可怕的是"害怕"二字，害怕被拒绝后自己会特别没面子。俗话说，死要面子活受罪。害怕被人拒绝，说白了，就是死要面子。

　　如果你害怕被拒绝而迟迟不敢向心仪的女孩表白，那么你失去的不仅是一个心仪的人，还是自己一生的幸福。如果表白了可能遭到拒绝，但至少还有一半的希望，如果不表白，一点希望都不会有。如果推销员害怕被拒绝，那么，他的产品就永远无法卖出去。

　　陌生人对你心存戒备是正常的，把你拒之门外也是人之常情。只要我们意识到了这一点，就不应该再去害怕遭到别人的拒绝。而是要主动地采取方法去消除隔阂，使他们能够接受我们，从而达到我们自己的目的。

　　我们人类的任何行为，都可以归纳为在推销我们自己。推销界里有句至理名言："成功是从拒绝开始的。"换句话也就是说，任何关系的建立都是从拒绝开始的，被人拒绝是正常的。有了这种心态，我们面对任何陌生人，就都不会害怕了。因为，如果我们不敢主动向别人推销自己，我们失去的可能就是千载难逢的好机会。

深呼吸，减轻内心紧张感

正确运用深呼吸，可以调整内心的紧张情绪。

我们很多人都担心第一次遇见陌生人时会说错话。因为留给他人的第一印象不好的话，就永远无法改变对方对自己的印象了。如果对方是某个在我们的生活中有着重要影响力的人，那么与这种人交谈，会进一步增强你的紧张情绪。我们或许都有过这样的感觉：和一个素未谋面的新朋友谈论自己（比如对方问你养家糊口的职业是什么）时，我们往往会感到不舒服。如果这时作一下深呼吸，也许能帮助我们缓解紧张的神经，放松紧绷的身心，调整到良好的状态。

深呼吸之所以能够让人放松身心，主要就在于它能够激活人体中的副交感神经系统。在人体中有一套自主神经系统，包含两个部分：交感神经系统与副交感神经系统。这两个部分总是处于相互排斥的状态，就像汽车的加速器（交感神经系统）和制动器（副交感神经系统）一样：当交感神经系统处于被激活状态时，就会促进机体的能量消耗，同时通过释放压力激素（肾上腺素、去甲肾上腺素），在减慢消化系统活动的同时，使呼吸与心率加快，肝脏释放葡萄糖，使身体作好运动准备（比如应对压力的"战"或"逃"反应），这就是人们经常感受到的压力紧张状态，久而久之，人就会出现疲劳、吃不下去饭等问题；而在副交感神经系统处于激活状态时，则会使机体的能量得到保护，身体得到放松，因为副交感神经系统有合成代谢功能（相对于交感神经的分解代谢功能），可以促进细胞重新获得能量。副交感神经被激活后，可以释放乙酰胆碱，降低心率、呼吸频率、肌肉紧张度以及其他功能，从而降低机体的新陈代谢活动，恢复体内平衡，让机体进入放松的状态。每当我们进行深呼吸时，副交感神经系统就会被激活，因而我们的紧张情绪就能够迅速得以缓解，从而达到身心放松的目的。实际上，经常做深呼吸的人，心态会更加平和，其呼吸频率、心率、肌肉紧张度等都会相应低于同龄人。

深呼吸，调整紧张的情绪，能够帮助我们更好地与陌生人进行交流，并使我们的生活变得更加丰富多彩。罗斯福就是一个善于调整情绪、与陌生人打交道的高手。他使用的那种主动与陌生人打招呼并保持联系的办法，值得我们借鉴与学习。

我们来看看关于罗斯福的故事。

美国前总统罗斯福是一个善于和人打交道的人。在他还没有被选为总统的时候，有一次参加宴会，他看见席间坐着许多不认识的人。他想要结识这些陌生人，并使他们都成为自己的朋友。但是他感到有一些紧张，于是他深深地吸了一口气，并暗暗地告诉自己：要放松，没有什么好怕的，这些人将来都会成为我的朋友。冷静下来的他想到了这么一个好办法。

罗斯福找到自己认识的记者，从那里把自己想认识的人的姓名、情况打听清楚后，鼓足勇气、内心平静地主动走上前去叫出他们的名字，谈一些他们感兴趣的话题。

此举使得罗斯福在日后大获成功。后来，他运用这个方法为自己竞选总统赢得了众多的选民。

在现实生活中，我们中有很多人似乎都对社交有一种"畏惧"心理，这时，我们就要试着去学习一下罗斯福的方法——深呼吸，待内心平静之后，主动大胆地与陌生人进行交谈，使其成为我们的朋友。

自卑永远是交往的心魔

内心装着自卑的包袱，你就不能大胆地开口与人讲话。

在日常的生活和工作中，很多人都害怕和陌生人接触。面对陌生人，他们不知道如何开口、不知道该说些什么。比如，在聚会上我们想不到有什么幽默或是言之有趣的话可说；在求职面试时拼命地想给人好印象，却紧张得连话都说不完整。这其实是一种社交恐惧症。社交恐惧其实是自卑的一种表现。

我们来看下面一则故事。

王峰大学毕业半年多了，可是至今仍没找到合适的工作。大四的时候，同学们纷纷拿着自己制作的简历四处求职，虽然辛苦，但他们还算乐观、自信，屡败屡战，无论是笔试还是面试，都能坦然应对。

王峰十分苦恼，因为生性害羞的他对此始终有一种莫名的恐惧感，一到招聘会那样陌生的场合，他就手足无措，浑身不自在，甚至不敢与面试官对视。看着身边的同学一个个找到称心如意的工作，他却始终犹豫着，不知怎样才能勇敢地迈出第一步。

从上述故事中，我们不难看出社交恐惧症可谓是成功的克星，它往往使人与机会擦肩而过。

我们要想克服"畏惧心理",最重要的就是要克服我们内心的自卑感。有哲人说:"自卑就像受了潮的火柴,再怎么使劲,也很难点燃。"自卑不仅会使我们陷于孤独、胆怯之中,而且会造成一定的心理压抑,受这种心理的支配,人们就会越来越不敢主动去和陌生人进行交往,越来越自我封闭。

有很多方法都可以克服自卑感,最有效的,首先就是对自己进行"心理暗示"。比如,在与陌生人交往感到恐慌时,我们不妨想一想:我的社交能力虽然还不够好,但别人开始时也是这样的,无论做什么事,开始时都不见得能做好,多尝试几次就好了,其实大家都是这样的。

问题的关键就在于,我们必须敢于走出与陌生人交往的第一步。熟能生巧,我们练习得多了,就不会再感到害怕、胆怯、腼腆、羞涩了。这样就会使我们自己的交际能力大大提高。

其次就是进行一定的"心理认知"治疗。这种方法就是让患者通过回忆、与心理医生交谈及催眠治疗等方式,找出产生心理障碍的确切原因,再据此对症下药,进行"行为治疗"。

"行为治疗"就是根据患者的病因教其采取相应的心理对策,找到解决问题的办法,最终形成正常的社交思维习惯和模式。常见的治疗方法有如下几种。

1. 集中注意力法

在与陌生人交往的过程中,不必过度关注自己是否会给别人留下良好的印象,要知道自己不过是个小人物,不会引起人们的太大关注。我们要学会把注意力放在自己要做的事情上。

2. 最坏预期法

当我们心理过于紧张或焦虑时,不妨问自己:再坏又能坏到哪儿去?最终我又能失去什么呢?最糟糕的结果又会是什么样的呢?大不了再回到原点,有什么可害怕的。如果我们想通了这些，一切就会变得容易起来了。

3. 钟摆法

为了战胜内心的恐惧，我们心里不妨这样想：钟摆要摆向这一边，必须先往另一边用力。脸红有什么，心跳怕什么？其实，实际情况远没有人们想象的那么严重，于是注意力就被转移到正题上了。

4. 做一些克服羞怯的运动

为了克服自卑，我们不妨做一些运动。比如，将两脚平稳站立，然后轻轻把脚跟抬起，坚持几秒钟后放下，每次反复做 30 下。每天这样做 3 次，坚持一定时间后我们就可以消除那种心神不宁的感觉。

5. 看着别人的眼睛说话

注视，对于生性害羞的人来说，刚开始时可能会比较困难，但这样做是很有必要的。你和对方始终都处在平等的地位，为什么不能拿出自己的勇气来，大胆而自信地看着别人呢？必要时甚至可以把此当成一场小游戏："我就这么盯着他看，看他能怎么着!"

6. 话题早准备

有时，我们在社交场合的手足无措是因为我们没有选择好合适的话题。针对这一欠缺，我们应平时多注意报刊上的热门报道，积累一些话题，这样在陌生人面前就不会有无话可说的尴尬了。

7. 不要太关注个人表现

在与陌生人进行交谈时，我们应该将注意力从自己的表现转移到如何能够完成这项事情上来。要知道，别人关心的是事情本身，而不是你本人，除非你是某位伟人。所以，你只要把需要讲的内容清清楚楚地表达出来就可以了。这样，自卑恐惧的心理就会被转移到我们要做的事情上去。

自卑是一个人最大的包袱，它让我们不敢想象、不敢行动。在自卑心的驱使下，一个人自然也就不愿同他人打交道，他同其他人的联系、沟通、互动就变得更少了。缺少积极的回应、改变，只会让人更加自卑，关注于自己，被心魔所控。敢于改变、有所准备、能够行动，才能走出自卑的陷阱，大胆地与陌生人说话。

朋友从陌生人开始

　　　　我们细想一下就会发现，人与人之间的认识，都是从陌生人开始的。

　　生活就是如此奇妙，两个萍水相逢的陌生人，只要其中一个先伸出友谊之手，陌生人也会变成好朋友。人生在世，多个朋友多条路，多个敌人多堵墙。其实构建人际关系最重要的一点就是从陌生人开始的。

　　1. 陌生人，正在影响我们的生活

　　说到每个人与陌生人的关系，在畅销漫画作品《向左走，向右走》里有着这样的描述，都市里的大多数人，一辈子也不会认识，却一直生活在一起。

　　我们每个人都无法避免与陌生人打交道。同时，在每个人的一生当中，都或多或少地得到过陌生人的帮助。陌生人正在以这样或那样的方式影响着我们的生活。

2. 陌生人与我们如影相随

我们有没有想过，在我们所有的人生经历中，陌生人在我们的生活中充当着什么角色，对我们的生活造成了什么样的影响。

其实，许多看似外表冷淡的人，其实他们的内心却是热情洋溢的。

无论你愿不愿意，也无论你是否已经意识到了这一点，陌生人一直都是与我们如影相随的。

3. 陌生人在积极影响我们的生活

人与人之间的血缘之爱是上天赋予的，而与我们没有血缘关系的陌生人的爱则是一种大爱，一种比血缘感情更深刻的东西，它有着无形的凝聚力，把人类团结在一起。

相信我们每个人都有得到陌生人帮助的经历。我们有没有想过，大多数的陌生人愿意帮助我们，而且觉得帮一个人是很轻松平常的事情？他们就是以这样的一种角度在积极地影响着我们的生活。

我们来看下面一则故事：

在美国纽约时报广场上，有一位步履蹒跚、白发苍苍的老妇人，她天天在广场上走来走去，不管是严冬还是酷暑，不管是烈日当头还是细雨连绵，她没有一天不出现在广场上。

有人猜测她是在活动筋骨，也有人猜测这是位无家可归的、可怜的老人。有一天，报纸上登出了这位老人的照片和事迹，人们全都惊呆了。原来这位老人既不是在活动筋骨，也不是无家可归，她是在熙熙攘攘的人群中搜寻那些需要帮助的人。见到独自乱跑的小朋友，她就上前关切地问一句："小东西，是不是找不着家了，需要我帮忙吗？"

见到满目忧伤的小女孩，她就上前关怀地问一句："孩子，有什么烦心的事吗？那就说出来吧，或许我能帮助你。"

见到心事重重、满脸沮丧的年轻人，她也会主动上前打个招呼："遇到什么困难了吧？要不要我给你出出主意呀？"

这位老人曾救助过因长期失业而感到前途无望、企图自杀的人，还送过离家出走的学生和迷途的智障老人回家，她还曾成功地劝说过走投无路的犯罪分子去投案自首。

报社特意找到了一位曾被这位老人救助过、当时想要自杀的男人，他现在在一家跨国公司担任高管。他在回忆当时的情形时说："听到她关切的问话后，我竟然扑到了她的怀里大哭了一场，当时我感到她就像是我的母亲，又像是我的祖母。在她的劝导下，我对生活再次充满了信心，并且时刻记着老人当时说的话：'只要活着，一切都有希望。'"

在这位老人的感染下，纽约成立了一个自发性的银发老人救助组织，他们唯一的口号就是多和陌生人说话。现在越来越多的退休老人加入了这个行列，他们都像那位老妇人一样，走上街头，用他们那双睿智的眼睛，去搜寻那些需要帮助的人。

从上面的故事中，我们就可以看到，我们的生活和工作，甚至我们所有的一切，都受到过从未谋面的陌生人的影响甚至是支配。我们吃的食品是陌生人加工的；我们在互联网搜索到的信息是陌生人传播的；我们在人生的旅途中，随时随地得到陌生人无私的帮助；在人生的迷途，我们曾得到或将要得到陌生人的指点……陌生人已经成为我们的世界里熟悉的一分子了。

随着网络信息技术的高速发展，我们的生活圈子在自觉或不自觉地向外扩张，所以，我们与陌生人之间也就自然而然地产生了一个交集圈。并且，这个交集圈在前所未有地影响着我们的生活。

这种改变让我们不得不去审视自己的惯有看法和偏见——不要和陌生人说话。既然陌生人在我们的生活中扮演着重要的角色，那跟随缘分而来的任何一个陌生人，都不应该被我们隔离和疏远。和他们相见相识，从陌生人成为好朋友，我们的世界会变得更加丰富多彩。

第二章
魔鬼搭讪：
3 秒钟打破零距离

你是否在想与人接近的时候却总觉得尴尬？生活中处处都充满了搭讪的机会，把握机会，增加自身吸引力，掌握适当的方法，你会发现搭讪也会如此的快乐。本章节教你如何依靠魅力口才，掌握魔鬼搭讪法则，打破陌生的距离，瞬间结识想结识的人。

巧妙开场，自然靠近他（她）

> 搭讪，可以提升自我；搭讪，可以增强自信心。

在与人搭讪前，我们一定要想好第一句要说什么、该怎么说。一般来说，搭讪分为直接搭讪和间接搭讪。不同的场合，应使用不同的搭讪。

直接搭讪一般适用于完全没有说话机会的场合，比如你的目标是在街头匆匆行走的女郎，搭讪的经典话语是："你好，我想认识你。"话虽生硬了些，但却非常实用。一则是因为，你必须先表明自己的来意，否则别人就没有安全感。二则是因为，有时直抒胸臆反而会成为一种魅力。三则，搭讪讲究一个眼缘，直接搭讪能够让彼此都进行快速筛选。

间接搭讪也叫自然搭讪。间接搭讪就是从一个自然的话题开始交谈，通常适用于 Party、夜店、书店、展会、旅途、婚礼等场合。因为，当你与他人必须共处一个空间的时候，直接搭讪一旦不成功就会让双方都陷入尴尬的境地，而间接搭讪失败，大家可以马上离开，只是一面之缘，日后再次相逢依然是陌路。

在一些常见场合，我们搭讪的第一句话应该怎么说呢？

1. 商场

在这种场合，你要选择人流少、相对开阔的地方，直接跑过去对人说，"你好，我想认识你。"行不行都没有太大关系。

2. 街头

在这种场合，你千万不要在四下无人的地方开始搭讪，特别是晚上，尽量找有路灯的地方再开口，以免让人觉得你心存歹意。还是直接搭讪为妙，"你好，我想认识你"，行就行，不行就算了。

3. 食堂、自习室、咖啡厅、快餐厅

这些场合，你就直接过去，先坐下，然后对人说："你好，我其实很想认识你的，我能坐在这里吗？"行就继续，不行就走人。

4. 公交车、地铁、飞机上

在这些场合，最好用间接搭讪，比如，"你的杂志能借我看一下吗？""你的手机真漂亮。"而直接搭讪的麻烦就在于，被人拒绝时不能立刻回避，你和对方都将不好受。所以，假若实在找不到话题，可你又非常想认识对方，那就跟其一起下车（下飞机），然后在路上直接搭讪。

5. 校园

在校园里，直接、间接搭讪都是可以的。比如，你看见一个背着画板的女生过来了，间接搭讪可能就会先从美术聊起，而直接搭讪则还是先表明来意，确定对方态度友好之后，再聊美术方面的话题。

6. 旅途中

人在旅途中，时间上一般比较充裕，可以把一步分作两步走，以创造最佳时机。比如在火车上，吃饭和去厕所都是与人搭讪的好机会，通道里谦让一些，排队时微笑一下，过会儿再见到，自然就可以聊天了。我的原则是，有条件的话，尽量避免尴尬，实在做不到，那也就不客气了。

7. 书店

书店是一个安静的场所，与人搭讪的时候你要先小声问一句："这本书好看吗？"一般会有如下三种反应：对方态度积极，继续聊下去就行了；对方露出迟疑迷惑但也并不拒绝的神态，那么你马上继续进行直接搭讪："其实，我就是来想认识你的";如果对方回答冷淡、不愿搭理,你直接走人就是了。

8. 婚礼或其他社交场合

在婚礼上,你一定不要直接与人搭讪,因为这样不仅会让搭讪对象尴尬,更重要的还会给活动发起人的形象造成负面影响。稳妥的搭讪方式是从自我介绍开始,比如:"我是新郎的中学同学,你呢?"

在社交场合,想要与人搭讪,要说好第一句话要遵循这样的原则:可以客套但要避免庸俗,要以消除陌生感为主。一般比较合理的开场白方式有三种:一是攀亲式——初次见面,说一些"早就听说您的大名了"、"能认识您真的很荣幸"之类的短句,这样就缩短了你与陌生人之间的距离。其实,任何两个人,只要用心留意一下,就不难发现双方有着这样或那样的"亲"、"友"关系。二是仰慕式——如果你对人尊重、尊敬就会引起对方的好感。对初次见面者表示敬重、仰慕,是热情有礼的表现。用这种方式你必须要注意:掌握分寸、恰到好处,不能胡乱吹捧,千万不要说"久仰大名,如雷贯耳"一类的过头话。表示仰慕的内容应因人、因时、因地而异,要恰到好处,让听者感到舒服。三是问候式——"您好"是问候对方的常用语,如能因对象、时间的不同而采用不同的问候语,效果会更好。对德高望重的长辈,应说"您老人家好",以示敬重。逢年过节要说"新年好"、"过节好",给人以庆贺节日之感。

搭讪要讲究方法和技巧,盲目地搭讪则会给人一种轻佻的感觉,学会了搭讪就可以为结识他人开一个好头。好的印象以及进一步交往的意向正是通过一个好的搭讪取得的。

微笑，让搭讪零距离

发自内心的微笑，是一种无声胜有声的情感表达。

　　搭讪是结识陌生人一种简便的方式，而微笑则是让搭讪变得更自然的必备途径。我们在搭讪时学会微笑，就能迅速拉近与对方的距离。通过下面的这个事例，我们就能得到一些有益的启示。

　　某电视台曾做过一期关于对陌生人微笑的节目。主持人对来来往往的每一个路人始终面带微笑，并观察陌生人对她的微笑的不同反应。每一个路人都能感受到她那份发自内心的微笑，是那样迷人、那样美、那样让人心动，没有什么理由不向她回以微笑。向陌生人投去发自内心的一笑，陌生人开始也许没有什么反应，当她向第五位大妈微笑时，大妈回了她一个微笑，大妈的微笑也是发自内心的、真诚的。又走来一位优雅的女士，也向主持人报以一个甜美的微笑。当主持人面对农民朋友微笑时也及时得到了微笑的回报。

　　每个人的微笑都是发自内心的，是一种无声胜有声的情感表达。微笑连接起了我们与陌生人之间的桥梁，因而它最能打动人心。

　　微笑最显著的特点就是它的感染力。当你向某人微笑时，因为你是发自内心的，对方都会自然地回馈给你一个甜美的微笑。

　　正如卡耐基所说："微笑能照亮所有看到它的人，像穿过乌云的太阳，带给人温暖。"

　　面对陌生人时，我们往往不知道该如何前去搭讪，如何拉近彼此的距离。

其实，也许我们只要对着他（她）微笑，就能瞬间缩短你和他（她）之间的距离。微笑是有自信的表现，是对自己的魅力和能力持有的正面积极的态度。微笑可以带来温馨、亲切，能给人留下美好的印象，从而形成和谐的交往氛围。在不同的场合、不同的情况下，如果你都能够用微笑去接纳对方，就能反映出你有良好的修养和宽广的胸怀。

发自内心的微笑，能自动调动人的五官：眼睛略眯起、有神，眉毛上扬并稍弯，鼻翼张开，脸肌收拢，嘴角上翘，唇不露齿。只有做到眼到、眉到、鼻到、肌到、嘴到，才会亲切可人，才能打动人心。在经济学家眼里，微笑是一笔巨额财富；在心理学家眼里，微笑是最具说服力的武器；在服务行业，微笑最能招揽回头客……

我们来看下面这则故事：

原一平是日本保险推销业的"全国之冠"。他25岁当实习推销员时，身高仅1.45米，又小又瘦，横看竖看都没有一丁点儿魅力可言，可以说是严重的先天不足。但他苦练笑容，并终获成功，被日本人誉为"值百万美金的笑"。

原一平为什么要练习笑容呢？因为他总结出笑容在推销活动中有如下九大作用：笑是给对方传达爱意的捷径；笑具有传染性，你的笑容可以引起对方的愉快感；笑容可以轻易消除两人之间严重的隔阂，使对方心扉大开；笑是建立信赖关系的第一步，它会创造出心灵之友；笑可以激发工作的热情，创造工作成绩；笑可以消除自卑，弥补不足；如能将各种笑据为己有，你就能洞察对方的心灵；笑能增进健康，增强活动能力。原一平说，婴儿般天真无邪的笑最有魅力。于是，他就花了很长时间练习笑，直到他在镜中出现与婴儿的笑容相差不多时才停止练习。他是这样练习的：检查自己的笑容有多少种（原一平认为自己有39种含义不同的笑），列出各种笑所表达的情绪与意义，然后再对着镜子反复练习，直到镜中出现所需要的笑容为止。

要与人进行成功搭讪，然后推销自己，一定得有一两招过人之处。如果太普通，注定不能打动别人。比如，从事销售行业的人不必面面俱到，也不必为外表的先天缺陷而自卑，关键是找出自己认为最有希望的"突破口"，进而尽情地表现自己个性的魅力。

在日常生活中，我们可以通过如下有意识的训练去改变自己：

1. 面部肌肉放松法。嘴角微微向上翘起，让嘴唇略呈弧形。在不牵动鼻子、不发出笑声、不露出牙齿尤其是不露出牙龈的前提下，轻轻一笑。

2. 冥想法。闭上眼睛，调动内心感情，并发挥想象力，或回忆美好的过去或展望美好的未来，使微笑源自内心，有感而发。

3. 对镜练习法。使眉、眼、面部肌肉、口形在笑时达至和谐统一。

4. 当众练习法。按照要求，当众练习，使微笑规范、自然、大方，练习时一定要克服羞涩和胆怯的心理。

微笑是一种力量，可以传递一种感情，迅速拉近彼此的距离。当对方感受到美好，看到了诚意时，自然会做出积极的回应，愿意进一步交往。学会微笑，才能让搭讪变得更有效。

察言观色，准备好再搭讪

> 懂得对方的心理，我们就能走进对方的心中。

　　了解一个人的心理对我们认识陌生人来说是十分重要的。在与陌生人搭讪之前我们要察言观色，只有了解了对方的心理，我们才能作出正确的判断。这种了解别人心理的能力并不是某些人的天赋，我们每个人都能够掌握。

　　我们先来看这样一个故事：

　　齐桓公与管仲商讨征伐莒国的事情，奇怪的是，计划尚未公布，国人就知道了这个消息。齐桓公问管仲："这是怎么回事？"管仲说："国内一定有圣人。"齐桓公若有所思地说："白天工作的役夫中，其中有一位拿着木杵向上看的。你说的可能就是此人吧。"于是命令役夫再回来工作，而且不能找人顶替。

　　不久，那个役夫被带到了齐桓公面前。齐桓公暗暗吃惊，问道："你是怎么知道的？"役夫回答："草民听说君王有三种面色：悠然自得的时候，是享受音乐的面色；忧愁清静的时候，是有丧事的面色；精力充沛的时候，是将要发兵打仗的面色。前些日子臣下见君王站在台上，精力充沛，这就是将要用兵的面色。君王感叹之下，唏嘘不已，所说的都与莒国有关，君王所指的也是莒国的方位。因此草民就猜测，尚未归顺的小诸侯唯有莒国，所以我说出了将要讨伐莒国的话。"

　　齐桓公听了这个役夫的分析，十分佩服他的察言观色之术。

通过谈话，齐桓公知道这个役夫叫东郭垂，于是把他召到身边，委以重任。而东郭垂也不负齐桓公所望，为齐国的称霸大业立下了不朽的功勋。

东郭垂的确不简单，仅仅通过齐桓公的脸色就能够判断出他要做什么事情。其实，他只是了解了齐桓公的心理，所以才能猜测出齐桓公要做什么。只要我们用心留意，察言观色的能力我们也有。具体来说，我们应注意如下几点：

1. 通过语言洞察人心

一个人的言语在一定程度上反映了他（她）心里在想什么、想要做什么。但是，如果我们不善于分析别人的言论，也就无法读懂对方的内心。在现实生活中，有人经常欲言又止、吞吞吐吐，其实他内心的心理密码已经泄露了他的真实动机。

（1）有的人在讲话之前先清嗓子，多半是由于紧张或不安。说话时也不断清嗓子、改变声调，这表明他可能还有某种程度的焦虑。还有一种情况是清嗓子表示他对一些问题不能做出准确的判断，犹豫不决，需要继续思考。这种行为按比例来说，男人比女人多，成人比儿童多。

（2）如果有人说话时故意清嗓子，那是对一些人的警告，表达一种不满的情绪。意思也就是说，如果你再不听我说话，我就对你不客气了。

（3）心虚的人，说话往往支支吾吾。

（4）内心卑鄙、脾气古怪的人，往往心怀鬼胎，声音会阴阳怪气、十分刺耳。

（5）有背叛企图的人说话时往往有几分愧色。

（6）沉着冷静的人，声音会心平气和。

（7）诬蔑他人的人往往闪烁其词，丧失操守的人说话吞吞吐吐，浮躁的人喋喋不休。

(8) 温和善良的人话语总是很少，内心平和的人，说话就像小桥流水，平柔和缓，极富亲和力。

2. 通过眼神读懂心理

眼睛是心灵的窗户，眼球的转动、眼皮的张合、眼珠的转动速度和方向、眼睛与头部动作的配合等，都在传递着信息。

通常情况下，目不转睛地注视对方的人比较诚实，但不一定是自始至终地盯着不放。一般来讲，初次见面时，先移开视线的人其性格较主动。而对于初次见面就不集中视线跟你说话的人属于挑战型的人，你应特别小心应付。

通过观察别人的视线方向，你也能透视他的心态。面对异性，只望上一眼就故意移开视线的人，大概是由于其对对方有着极强的兴趣。而对异性瞄上一眼之后就不再看的，是一种"我相信你，但不怕你"的体态语。当看异性时，并不把视线移开，而是闭上眼睛后再睁开眼看一看，如此反复数次，这可能是尊敬与信赖的表现。尤其当女性这样看男性的时候，一般可认为有交往的可能。

另外，眼睛位置移动情况的不同，所反映的心态也是不相同的。职位高或有强势思想的人，视线往往是自上而下的；反之，职位低或弱势内向的人，视线往往由下而上，而且显得软弱无力。

3. 行为习惯透露人的内心

一些人在日常的工作与生活中会有一些习惯性的动作。这些习惯性的动作对我们知人识人具有重要的参考价值。

(1) 手插裤兜，时不时地插进插出

这种人的性格一般谨小慎微，凡事三思而后行。在工作中缺乏灵活性，常常用笨方法去解决问题，心理承受能力较差，在逆境中多半是垂头丧气、一蹶不振。

（2）自然站立，双手背在后面

这种人往往在感情上比较急躁，但与人交往时，关系处得会比较融洽。其中较大的原因可能是他们很少拒绝别人。

（3）经常摇头或点头以显示自己对某事肯定或否定

这种人往往在社交场合努力表现自己，但很容易引起别人的反感。他们通常自我意识过强、工作积极，看准了一件事就努力去做，不达目的誓不罢休。

（4）与别人交谈时吐烟圈

这种人习惯于目不转睛地看着对方，支配欲很强，不喜欢受约束，为人比较慷慨，很讲义气，在他们周围总有一群相干或不相干的人。

（5）触摸头发

这种人一般个性突出、性格鲜明、爱憎分明尤其疾恶如仇。经常会做一些冒险的事情，喜欢挤眉弄眼，爱拿人当调侃对象。这些人中有的缺乏内心修养，但他们特别会处理人际关系。

（6）爱抖动腿脚

这种人很能自我欣赏，性格十分保守，很少考虑别人，凡事只从自己的利益出发，尤其对伴侣的占有欲特别强烈，但当朋友有困难时会经常给朋友提出一些意想不到的建议。

（7）手摸颈后

当我们遇见有此动作的人，我们一定要小心了。这表明他出现了愤怒、懊恼等负面情绪。

察言观色才能了解对方的心理，了解了对方的心理，才能为搭讪做好准备。如果把与人结识、搭讪比作一场战役时，有准备的仗，获胜的概率自然大些。因此，我们在搭讪前一定要先了解对方的心理。

独到的眼力让搭讪更有效果

细心的观察，准确的判断，让搭讪更易成功。

如果我们想要与陌生人成功地进行搭讪并成为朋友，细心地观察是不可或缺的。很多人在陌生人面前之所以会碰钉子或无所作为，很多时候是因为对人的观察不够所致。

很多人在认识上都有这样一个误区，认为观察别人、体察他人的心理是"琢磨人"，这是一件不光彩的事情。其实，完全不是这个样子的。

观察是为了更好地了解，了解是为了更好地接近。如果我们不懂得观察，我们也就不能读懂对方的心理，也就不能最终赢得对方的好感。当一个人盲目地向他人搭讪时，得到的多半是不屑和不解。

人与人必须是在有过一定了解之后才能成为好朋友，"桃园三结义"里的刘、关、张，即使对彼此了解得不够深，但也有了一定的了解。三人通过观察彼此，了解了对方的脾气秉性，因豪爽、义气走到了一起。

与人搭讪就像是敲门，"咚咚咚"之后，主人自然会问"谁呀"，这时候，直接表明来意是最起码的礼貌，大脑不正常的人才会说"你出来瞧吧"。

而即便是在主人微笑着开门之后，我们也不能就直奔人家卧室。从前院到后院，要一步一步来，这才叫登堂入室。这一路上需要我们的观察和判断。

所以，搭讪与其说是一项技巧，倒不如说是一个与陌生人交往的礼节。学会了观察，往往能让搭讪变得更容易。

比如，与一个手提重物的年轻女郎搭讪，问是否应该帮她拿东西。

正确的方法应该是：可以提出要求，但只提一次，如果她拒绝，就不要再提了。即使你要助人为乐，也应该先获得对方的允许才行。

又比如，聊了一会儿后，女郎表示要去坐车了，多数搭讪者就开始要联系方式，然后说再见。

正确的方法应该是：可以提出陪女郎到车站，还是只提一次要求。但是，人家如果说"不"，就不要再坚持了。

我们与人谈话时要善于去听对方的言外之意，这是长辈们从小就教导我们的，但那是与认识的人进行交往的情况下。与陌生人交往，我们就要善于观察，先作判断然后再搭讪，根据搭讪的场景和对方的状态说该说的话，做出相应的行为。

我们来看一则关于汉武帝的故事：

长安城外有一个小村庄，村里有一对老人，膝下无儿无女，就靠几亩山地过着清贫辛苦的日子。

有一天，老两口吃完晚饭准备休息，忽然听到门外有车马的喧嚣声。老头出来一看，门外尘土飞扬，一群人坐在高头大马上，有背着弓箭的，有拿着棍棒的。老头看来者不善，以为是盗贼，不敢怠慢，连忙作揖行礼，叫老伴出来请人进屋，小心翼翼地伺候着。

众人歇息之后，老头和老太婆就商量，想去召集村里的年轻人来打这伙强盗。老太婆却说："我看那领头的人气度不凡，眉宇之间有种顶天立地、不为世事屈服的气概。他绝不是一般的盗贼，他们不会加害于我们的。只要我们小心伺候，什么事都不会有的。"

其实，这伙人还真不是别人，正是汉武帝和他的大臣护卫。汉武帝几个人出去打猎，天色已晚，便想在这个小村庄借宿一晚。

汉武帝已经就寝，但是他的护卫都还没睡。其中一人听到了老太婆的话，报告给汉武帝听，请示汉武帝是不是把这两个人抓起来或者杀掉。汉武帝摆了摆手，依然睡觉。

第二天早晨，汉武帝一行人等告辞了。一夜相安无事，老头子心中稍安。几天之后，朝廷下旨，给了老两口许多赏赐。

幸亏上述故事中的老太婆眼力独到，看出这些人并非平凡之辈。如果照老头那样把那些人给打了，相信他们不光得不到赏赐，甚至会有送掉性命的危险。由此我们可以看出，善于观察对于一个人来说是多么重要啊。

观察、判断，可以使搭讪更有效果。如果说观察是了解的第一步，那么判断就是搭讪之前必走的一步。基于观察作出的判断，可以让搭讪变得更有针对性，更有效果。

搭讪要自然

自然的搭讪能够让双方进行更进一步的交流。

搭讪，其实最直接的目的就是为了主动与人交往，增加人生的阅历，慢慢地通过前期搭讪的交流，增加自己的情商。搭讪并不是让你见到陌生人就去死缠烂打，自然的搭讪能够让双方进一步互相了解，看看彼此是不是适合做朋友，然后进一步了解，看看你们之间是否有可能成为好朋友。如果不合适还可以做普通朋友。

不擅长搭讪的人，也没有必要把自己搞得太过紧张，可以先从易到难进行训练。比如，你在适当场所，看到一个想要认识的人，先不要想着是不是能与对方认识或者成为朋友，也不要试图要联络方式，只要能与他自然交谈一番，就是你成功的开始。

如下几则小窍门，助你与人自然搭讪。

1. 不要为提问而提问

只问那些对你的搭讪"有用"的问题。这个"用处"主要是指帮你判断眼下跟他（她）交往的可能性有多大。比如，"你在哪一站下车？""你的事情办完了吗？""你累不累？""你觉得这家餐厅如何？"此类问题直接影响你对她下一步提出的建议和采取的行动。需要注意的是，任何提问对于建立舒适感都是无济于事的。所以，"你做什么工作的？""你是哪里人？""你平时喜欢干什么？""你在哪个学校？"此类问题在搭讪的初期阶段就是一堆废话。

其实，这也和我们内心的诚实有关。我们扪心自问一下，我们与人搭讪，这与对方是哪里人、干什么工作、学什么专业又有什么关系呢？我们只是觉得对方看着顺眼，我们只关心此时此刻与对方相处的感受，至于其爱好和履历那都是以后的事情。但是对那些没有经验的搭讪者来说，因为紧张、因为找不到话题，所以总是用一个个问题去转移眼前的尴尬。我们要知道，其实这只不过是不经大脑的条件反射，只能表明我们是个没有思想的人。所以，提问不但要少、要精，还要讲求实际。

2. 用陈述句代替疑问句

比如，与一个正在大厅徘徊的人搭讪，如果说"你是在等人吗"，就不如"看来你的朋友也晚了"有效。

仔细体会，后者的语气更果断、更自然、更友好，而且还巧妙地暗示了搭讪者本人的状态。相比之下，前者的单纯发问不但没能说明自己的任何来意，还要求对方向你提供情况，这就很容易让对方紧张和抗拒。

3. 所提问题，不需对方回答

像"认识一下，好吗"以及"我们一起走怎么样"，这两句话的实质是"我是个想认识你的人"以及"我是个想跟你一起走的人"，不仅仅是向对方陈述你的来意。可假若说完之后你就沉默了，那么这两句话就变成了纯粹的疑问句："我想认识你，行不行？""我们一起走，好不好？"

而对方也就必须在肯定与否定之间作一个选择了。这时候，出于自我保护的本能，对方很容易作出否定的回答。所以，关键就在于不能沉默、不能尴尬、不能等着对方说话，要马上切入第二句闲聊。比如"今天天气真不错啊"、"这个地方挺好的"……这样，双方就都有台阶下了。

4. 结束时，提问要直接

搭讪时最后的问题往往就是向对方索要联系方式，坦诚地向对方说出你的愿望，其实也是一个策略。那种先找个再见的理由再索要电话的方式其实是十分幼稚的。所以，在搭讪的最后，我们向对方的提问一定不要拐弯抹角，直抒胸臆，反而更容易为人所接受。

如果我们要迅速与人进行搭讪，我们就要遵循"3秒钟法则"。

所谓"3秒钟法则"，即看到目标3秒钟之内就出手。这招在于让搭讪者没有时间与空间进行思考，凭着一鼓作气而达成目的。有人觉得这是有经验的人对有经验的人的做法。但也有人说这更适用于新手，对于老手，关键还是得看自己的内心是否够坚定。如果够坚定，即使与之交流一个小时也是像狙击手在等待时机；不够坚定的话，就算3秒内出手还是会遮遮掩掩、弄巧成拙。

因此，当外在环境的束缚、自身经验的欠缺、对方的拒绝不再成为我们搭讪的心理障碍时，剩下的对手就是我们自己了。

做到自然，才可以展现一个人的真实面貌，表露内心的真实想法。矫揉造作、不自然的搭讪往往会引起对方的疑心和反感。学会自然的搭讪，才能真正地和他人成为朋友。

怎样才能靠近他

与人搭讪，选择合适的地点很重要。

合适的搭讪场景是我们与陌生人结交的必要条件。任何交谈活动都必须有一个社交地点作为载体，而社交地点又每时每刻在影响着我们与陌生人是否能成为朋友。

小王在一个汽车公司做销售，他做事非常有头脑，销售业绩在公司里始终是排在第一位的。有一次，另一位销售员对他说："你的销售业绩是咱们公司的NO.1，但是，你敢去啃一块'硬骨头'吗？""'硬骨头'？怎么说？""在咱们这个市里，有一个怪人老李，他是专门搞玉米研究的，自己的公司已经上市，但他每天到田里工作都是骑着一辆破旧的自行车。咱们几个兄弟就想着能够卖给他一辆汽车，不过遗憾的是，兄弟们忙活了几天，别说卖汽车了，连老李的面都没见着。你有没有把握卖给他一辆汽车呢？"

小王还从来没遇到过这样的难题，以他的性格当然不会错过这次挑战了。回到家里，他立即搜集老李的资料，准备第二天就去会一会这个怪人。

说老李是怪人还真不冤枉他，小王给老李打电话，他一般会挂掉；登门拜访，他根本就不见；小王又托人介绍，他把介绍人也拒之门外。

小王不相信事情就只能这样了，又详细地查看了一下老李的资料，终于发现一个突破口：老李很喜欢钓鱼。

事不宜迟，小王立刻置办了一套钓鱼的工具，用了两天的时间练习钓鱼，终于练得像那么回事了，于是他就每天到老李钓鱼的地方等他。但是，老李来了之后，小王又假装视而不见，一心一意钓自己的鱼。开始老李还有点警觉，一连几天都是这样。老李就有点好奇了。

小王仔细观察，发觉老李时不时地就向这边看一下。他知道老李已经对自己产生兴趣了，于是就主动上前搭讪，并请教老李关于钓鱼的技巧。这一下，可打开老李的话匣子了，讲得滔滔不绝，而小王则听得津津有味。

才一天的工夫，两个人就成了老朋友了。后来老李不光买了小王的车，还介绍了很多客户给小王。

我们的情绪与所处的环境有很大的关联，选择一个合适的地点能让我们自己与陌生人都打开心扉、畅所欲言。那么，什么样的地点才是合适的呢？

1. 自己熟悉的地方

我们与人搭讪的地点最好是自己熟悉的地方，因为人们在自己熟悉的地方与人沟通没有那种拘束感，在心情上也十分放松，容易取得优势，并可充分地展示和推销自己。有研究表明，与同样的一个人谈话，在自己的客厅里会比在别人的客厅里表现得更自信、更舒适，同样的道理更容易说服对方；反之，如果是到自己不熟悉的地方，而又恰好是对方所熟悉的，这样通常会引起恐惧与不安，从而影响社交的成功。

2. "我可以往，彼可以来"的地方

这种地方一般被称为"通形"，即四通八达的地形。要本着与人方便自己方便的原则，同时又可以获得"我得则利，彼得亦利"的结果，也就是我们现代人时常提到的双赢原则。

3. 所选地点不能让对方感到不适

我们与人搭讪所选择的地点一定不能让对方产生屈就感和压抑感，尤其当对方是老人、长者、女士的时候，我们应该随机应变，选择一些他们较熟悉的地方，而我们若肯于前往，更能体现我们对其的诚意和尊重，这也是我们与陌生人进行良好沟通的开端。

如果我们冒冒失失地向周围的一个陌生人提出借用什么东西，在很多情况下是不合适的。比如，在晚上就特别不适合，除非我们是在特定场所。我们人类的天性就是怕黑，而且，在晚上别人很难看清我们的面孔，感觉不到我们的真诚。在特别空旷的场合也不合适，因为会让人感到不安。在对方有其他人陪伴的时候最好。

我们来看下面这则故事：

一天晚上，杨园在车站等车的时候注意到了一位男士。他穿着一件深蓝色的毛衣，剪着碎碎的头发，看起来一副正派的样子。最重要的是，还拿着一本她也在读的书——《围城》。于是杨园一直注意着他。

十分巧合的是，到了杨园家附近那站，他也下车了，那时候已经快晚上10点了。当时的环境非常不好，周围的路灯暗淡无光，恰巧杨园那天又穿了件非常短的裙子。理智告诉她不能紧跟上去，但最终她还是稀里糊涂地跟上了。

"你好，可以认识一下吗？"杨园开口了。那位男士似乎吓了一跳，转过头来看了看她，脚步并没有停下来。杨园又继续和他说话，他回了几句，非常慌张。路灯的光亮越来越暗了，到前面路口的拐角已经没有路灯了，他也越走越快。杨园说："真的没机会认识一下吗？"人家连停都没停，就一溜烟地跑开了。

由此可见，与人搭讪，选择合适的地点是多么重要啊。

选择合适的地方搭讪，就是要珍惜自己搭讪的机会，不能盲目地搭讪。在一些容易让人起疑心的地方，最好不要搭讪，而在一些搭讪机会比较多的地方，则要注意自己搭讪的方式。这样才能在合适的地方结交合适的人。

创造吸引力：得体的举止

> 一个人展现在别人面前最真实的名片，就是他的行为举止。

假若一个人站立时双手插在双肋，或别在身后，或交叉在胸前，就会给人一副无礼傲慢、爱答不理的样子。坐着时，跷着"二郎腿"，用手托下巴、掏耳朵、挖鼻孔、身体前倾后仰、左摇右晃等，则给人一种坐立不安的感觉。走路时歪走横行的走法总会被人看不惯，受到指责。

一个人的行为举止是他展示给别人最好的名片。尤其是与人初次见面时，自己的一举一动都会被对方细心观察到。所以，我们平时举手投足都要稍加留意，尽量给人留下一个落落大方、彬彬有礼的好印象，这是让陌生人接纳我们的一大要素。

我们可以看到人际关系广的人总是重视自己的外在形象，不放弃每一次完美展示自我的机会。

鲍勃是一个行为举止彬彬有礼的人，因此到处受到人们的欢迎。有一次，纽约举办"读书和读者"联谊会，当鲍勃和其他人到宾馆去吃午饭的时候，在走廊遇到了推着餐车的女服务员。那些人对这个服务员视若无睹，纷纷绕过餐车走了进去，而这位女服务员也没有任何不满的表示，仍旧推着餐车向前走。这时，鲍勃却向她走了过去，微笑着对她说了声："嗨，你好，我是鲍勃，请问你叫什么名字呢？很高兴认识你。"说着，还把手伸了过去。

很显然，这位女服务员没有料到鲍勃会跟她打招呼，她很惊讶。随即，她意识到鲍勃是在跟自己说话，于是，脸上绽开了灿烂的微笑，双手紧紧地握住了鲍勃伸过去的手，并愉快地回答了鲍勃的提问。

上述故事讲的是一个成功人士在与陌生人搭讪时平易近人的举止行为。他善于营造舒适、自然、轻松的氛围，从而使自己获得了良好的人际关系。

得当的举止行为是一种修养，更是一笔无形的财富。举止行为的好坏，除了对人的身体健康有很大影响外，对人的心理也有着一定的折射。从某种程度上来说，人们的行为举止也是一种无声的语言，有时比有声的言语更具说服力，是许多有声语言所无法比拟的。

得体的行为举止是一个人基本的教养，也是一个人应有的基本礼节。一位哲人曾说："礼节要举止自然才显得高贵。假如表面上过于做作，那就丢失了应有的价值。"很早以前的古人就对人的行为举止作过要求，随着人类文明的提高，人们对自身行为的认识也在不断地加深。温文儒雅、镇定从容、彬彬有礼已成为现代人的一种文明标志。

要让自己成为一个举止优雅得当的人，我们应该从以下几个方面入手。

1. 走姿

站有站相，坐有坐相，走也应有走姿。从礼仪的角度来说，一种优美的走姿是：行走时应步伐稳健、步幅自然，给人一种大方从容、矫健、轻快的感觉。

行走时，步态要轻一些，目视前方，身体挺直，双肩自然下垂，两臂协调摆动，膝关节与脚尖正对前进方向。行走的步子不要过大也不要过小，要适中、要自然稳健，节奏与着地的重力一致。与女士同行，男士的步子应尽量与女士保持一致。

不管怎样，走相是千姿百态的，并没有固定的模式，或轻盈或矫健，或精神抖擞，或庄重优雅，只要我们走出与交际场合和谐并表现出我们自己个性的步伐，就是我们正确的走姿。

走路时我们要注意：双臂的摆动幅度不可过大，约 45 度左右，不要左右摆动。要保持身体的挺直，切忌左右摇摆或摇头晃脑。膝盖和脚踝都应轻松自如，以免浑身僵硬。两个以上的人一起行走时，不要排成横队，也不要勾肩搭背。遇急事可加快步伐，但不可慌张奔跑。

总之，在走姿上要体现自己的风格，以给对方留下良好的印象。

2. 站姿

古人说"立如松"，就是说人的站立姿势，要像青松一般笔直挺拔，这是对男子站立美的要求。对于女性来说，应当"立如芍药"，即追求亭亭玉立的风姿。

男性也好，女性也罢，站立的时候，都要直立、挺胸、收腹、提臀，尽量把重心落在两个前脚掌，眼睛平视，双臂自然下垂或者在体前交叉。站立时要注意克服僵直、呆板的姿势，要注意放松颈部、肩部，使关节能自由活动。

而两腿交叉站立的姿势就会给人一种轻浮的感觉；双臂交叉抱于胸前，容易给人一种傲慢的感觉。

3. 坐姿

古人云"坐如钟"，即表现坐姿的端庄之美。入座的时候要轻稳，腰部要挺直，上身要正直，不要"瘫倒在椅子上"。手要自然地放在膝上或椅子的扶手上，头平衡，目平视，要给人一种从容淡定的风度。如果需要侧坐，上体与腿要同时转向一侧。

一定不可猛起猛坐，弄得座椅乱响，造成紧张气氛。无论哪一种坐姿，都切忌两腿分开，两脚呈八字形，也不要脚跟朝外，呈内八字形。当两腿交叠而坐时，脚尖朝上，不可露出脚底，晃动足尖、双腿，都是不可取的坐姿。

4. 表情

一般来说，表情是人内心思想感情的外部表现，这种外化是通过面部肌肉的运动来实现的。随着人内心情感的波澜起伏，人的表情会有多种表现形式，或喜，或怒，或哀，或乐。但在人际交往中，我们的面部表情应以喜、乐为主。

微笑是一种无声的语言，人的面部表情千变万化，而笑是最常见的。在面对陌生人时，微笑无疑是极具魅力的。

眼睛是心灵的窗户，眼神常常可以表达出声音难以表达的意义和情感。

在与陌生人进行搭讪时，得体的眼神，应是目光直视对方，好像"看而不见"，即把自己的目光放虚一些，好像是在用余光环绕对方整个人似的，这样，对方就能感受到我们的关切之情。

与对方搭讪时，一定不要紧紧盯住对方的某一个部位，使人发怵。一定要纠正不礼貌的眼神，如眼神总是向上、向下或转向别处，更不能突然扫人一眼或上上下下仔细地打量。这些都是对方不会接受的，也是不礼貌的。

举止反映着一个人的内心，一个人举止得体就能展示自己的风采，赢得对方的好感。有时，一个细小的举动就能成就一次搭讪；有时，一个细小的举动也能毁掉一次搭讪。有了基本礼仪，做好细节，再加上得体的举止，就能为我们的形象增添分数，让自己在对方眼中亮起来。

赞美：魔鬼搭讪法

> 巧用赞美，瞬间赢得陌生人好感。

赞美是人际交往中最动听的语言，搭讪更不例外。在搭讪中巧妙运用赞美的言辞，不仅可以迅速拉近彼此的关系，还可以达到事半功倍的效果。

在日常的工作与生活中，我们经常会听到别人的赞美，我们也会去赞美别人。赞美不但是一种心情，还是一种品德，更是一种境界；被别人赞美是一种快乐，也是一种幸福。赞美可以使人际关系和谐，拉近人们之间的心理距离，增强相互间的亲近感，可以帮助我们去寻找心中尚未发现的美。赞美是一种抚慰，它像一泓清泉，润泽人们干涸的心田；赞美是一缕阳光，拨开生活的阴霾，给人们的心灵以光明；赞美是一种能源，它给那些行走在人生路上的人提供取之不尽、用之不竭的能源。

我们要学会适时赞美别人，赞美别人，不用花钱，就能使人感到快乐，我们又何乐而不为呢？我们就可以真诚地把看到对方第一眼的心理感受说出来，无须心口不一、虚情假意。

希望得到他人的尊重与赞美，是人们内心深处最大的愿望。搭讪时的赞美一定要能够贴近对方的内心，把话说到对方的心坎上。当然，搭讪前要事先考虑说话的语气和态度，对于不同的人，我们要选择不同的表达方式。有时，我们谈论对方擅长的运动或游戏，本身就是对他的赞美。

赞美别人，一个比较实用的技巧就是要多用"我"而少说"你"，多描述自己因为对方而在情绪与情感上产生的感觉。赞美可以扩大我们的社交圈，增强我们的交际能力。

如果你经常参加朋友和同事的聚会，难免要遇到很多不认识的人，一般情况下都是朋友介绍相识。但是，经过自己搭讪认识的朋友关系可能会更明朗一些。

我们来看下面这则故事：

一次，李红参加一个广告公司举行的答谢酒会，在酒会上她看见了一位业界知名的前辈，趁着他休息的片刻，李红上前自我介绍后，说："我已经仰慕您很久了，没想到今天见到您，真是十分荣幸……"而后，李红发现他的手表是劳力士的，对手表她还是有一些研究的，没想到那位前辈对手表也很感兴趣，于是借手表这一话题他们又聊了很久。之后，遇到工作难题李红还向那位前辈请教，他们的关系就更为融洽了。

赞美式搭讪的方法男女老少皆宜，尤其适于女性。但是我们要注意，对于"你真漂亮"之类的老套赞美，漂亮女士早就听烦了，通常她们对此只会淡然一笑。所以我们应该努力寻找她与众不同的地方，这就要考验我们的眼力了。

不过也别太担心，即便是称赞她高跟鞋的款式也是不错的称赞。

我们再来看下面这个例子：

柳刚追上从商场出来的女孩："打扰一下，请问人民南路怎么走？"女孩指路后，他作深呼吸状，说："天啊，可以告诉我你用的是什么香水吗？"女孩立即戒备地看着他，他解释："我找这个香水已找了好久了，是在这家商场买的吗？什么牌子？多少钱？"一连串只是关于香水的问题让女孩放松了警惕，她善意地告诉他答案，还主动带他到柜台。香水自然是买了，不过他送给了她。

上述故事中，柳刚对那个女孩的赞美可以说是一个很成功的赞美。不但赢得了对方的好感，还有了进一步交往的可能。赞美的技巧还有很多，比如要尽量用主观感受的表达代替客观结论式的陈述等。

赞美，可以让对方感受到自己内心的情感、对对方的重视。学会赞美，既能展示自己的水准，也能让对方感到喜悦。在赞美时，一定要做到真诚，虚情假意的赞美只会让人觉得浅薄。

第三章
快速沟通：
从陌生到熟悉的转变

沟通在人际交往中的力量是巨大的，
良好的沟通力能够快速将陌生变成熟悉。
当然，沟通要从心开始，要有一颗真诚的
心。掌握合理的沟通技巧，在任何场合，
你都能展现独特的风采。

好话题：畅通交流的开始

面对陌生人时，"不知该如何开口"、"不知该说些什么"，这是很多现代人的通病。

无论是在工作上，还是在生活中，当我们遇到不太熟悉的人时，心里难免会七上八下，不知道怎样进入正题。也有一些人，在与陌生人交谈时，会很快找到双方共同的话题，并能获得对方的积极回应。

我们来看看关于富兰克林·罗斯福的故事，看看他面对陌生人是怎么做的。

富兰克林·罗斯福是美国第三十二任总统，他是美国历史上唯一蝉联四届的总统。罗斯福在 20 世纪的经济大萧条和第二次世界大战中扮演了重要的角色，被评为是美国最伟大的三位总统之一，他同华盛顿和林肯齐名。这位身残志坚的总统，受到了世界人民的尊重。

1911 年，富兰克林·罗斯福结束了对非洲的考察，回到美国，准备参加第二年的总统选举。很多人都十分看好这个年轻人，因为他不仅是美国前总统西莫多·罗斯福的堂弟，又是一位知名度很高的律师。

但是，罗斯福开始时非常不顺利。虽然很多人认识他，但是他并不认识那些人。一次宴会上，很多人和他打招呼，他也礼貌性地给予回应。可是他发现，人们尽管都和他打招呼，但脸上的表情却是冷漠的，似乎看不出他们对自己有什么好感。

为了改变这种对自己不利的局面，罗斯福想到了一个接近自己不认识的人并同他们交谈的方法。他对坐在自己身边的好友陆思瓦博士悄悄说："我很想认识这些人，但对他们不太了解，您能给我介绍一下他们的大体情况吗？"陆思瓦博士十分热情地帮助了他。

　　这样，罗斯福的心里就有了底。他热情地走向他们，根据自己所了解的情况向他们提出了几个简单的问题，从中了解到他们的兴趣、爱好、性格特点等，知道了他们曾经从事的职业、做过什么事情、最得意的事是什么。掌握了这些，罗斯福就拥有了同他们交谈的资本，并引起他们极大的兴趣。在不知不觉中，他成了他们的新朋友。

　　事实上，我们每个人都或多或少地有一些可以与人分享的乐事。许多人会因为自己和别人见解的不同而不愿表达。但正是因为人与人之间的不同，人生才能成为一个多姿多彩的大舞台。如果我们能找到共同话题，能坦诚相待，彼此就能谈得来。

　　那么，我们怎样才能找到与陌生人之间的共同话题呢？

　　首先，我们内心要有一个同陌生人交谈的愿望。愿意与陌生人交谈，这是解决同陌生人交谈这一难题的关键。许多人对参加有陌生人在场的谈话，都有一种恐惧心理。有的人甚至见了陌生人就沉默不语，这其实是不明智的。我们只需稍稍想一下，即便是我们最熟悉的老朋友，当我们刚认识他们的时候，不都是陌生的吗？如果我们拒绝同一切不认识的人谈话，我们怎么会有自己的朋友呢？如果我们轻易放弃一切认识新朋友的机会，我们会抱憾终生的。

　　我们与陌生人交流最大的障碍就在于彼此不了解，因此，同陌生人交谈首先要解决好的问题就是尽快熟识对方，消除彼此间的陌生感。比如，我们可以先自我介绍，再去请教对方的姓名与职业，然后再试探性地引出双方都感兴趣的话题。

一般来说，当对方是敏感、害羞而内向的人时，你要表现得比他更内向，但这并不表示你不需要主动和对方交谈。而是在言谈之间表现得迟疑、不肯定，希望能获得对方的意见，询问对方的看法，鼓励他提出自己的意见。这样一来，等于给对方提供了一个谈话的方向。

为什么这种人不愿与别人沟通呢？分析起来，大概有两种可能的原因。

第一，这种人一般是年纪比较大或较小的人。他们或者学问及品位较高，所以他才躲在一边。只要你知道症结所在，是不难应付的。你可以在几句谈话中了解他的兴趣是什么，然后再和他展开话题。他见你谈吐不俗，一定会把你当成知己，这样一来，僵局就打开了。

第二，还有一种人，他们沉默寡言的原因是因为他们的思想并非特别高超，只不过生来古怪、不合群。你和他谈上几句，了解了这类原因后，就可以采取另外一种方法与他交流。

如果我们没有向对方先介绍自己的情况就开口向别人问这问那，一般情况下，他是不愿意回答我们的问题的。我们在一些方面谈了自己的情况，对方多半也乐意就这方面谈他的情况。我们可以想方设法在短时间内，通过敏锐地观察，初步了解对方，包括其发型、服饰、领带、烟盒、打火机、随身带的提包、说话时的声调及他的眼神，等等，这些都可以给我们提供了解他的线索。假若他是屋子的主人，了解他会有更多的依据：墙上挂的画、橱柜里的摆设、台板下的照片、书柜里的书，等等，这一切都会自然地向我们透露关于主人的情趣、爱好和修养。假若我们事先就知道将要同一个陌生人见面，则在见面之前通过别人打听一下对方是什么情况，这对于将要开始的交谈是极为有利的。

在与陌生人交谈时，要特别注意他的职业、性格、爱好、兴趣等。在对方谈话过程中，适时地插入一两个小问题，或由衷表示我们的感受："啊，这真有意思。""真是这样的吗?"让对方觉得我们很乐意听他的谈话，并因此在第一次谈话时就把我们看成他的知己。

同陌生人交谈，我们还要努力营造一种温馨舒适的氛围。首先从我们自己做起，我们说话要直率而自然，不要遮遮掩掩，最重要的是不要让对方有约束感。特别是对那些比较害羞、很不习惯于同陌生人交谈的人，我们一定要设法使他们放松。我们可以先同他谈些无关紧要的事，越随便越好，就跟老朋友谈话一样轻松、自在。要尽可能多让对方说话，要注意对方态度的变化，不要自顾自地说个不停。

一个好的话题，可以让彼此进行顺畅的交流。如果遇到了对方不感兴趣的话题，出现尴尬，也要学会巧妙地转换话题，寻找话题。正是在一个个话题的讨论中，两人增进了对彼此的了解，让友情得以成长。

倾听，激起对方的表达欲

那些社交中的高手，往往是那些善于倾听的人。

倾听是对别人最好的尊重与赞赏。用心地听别人讲话，是我们给予别人的最有效、最好的赞美。不管说话者是上司、下属、亲人还是朋友，或者是其他人，倾听的效果都是一样的。人们总是更关注自己的问题，同样，假若有人愿意听我们谈论自己，我们也会马上有一种被重视的感觉。所以，在人与人交往的过程中，尤其是与陌生人初次见面的时候，多听少说，激发对方的表达欲望，是促进我们和对方关系更为融洽的润滑剂。

小莉虽是公司里年纪最小的姑娘，但大家都很喜欢她。她积极上进，总是很虚心，无论是谁说话，无论是和工作有关的还是无关的，她都能够做到安静地聆听，都说她是个体贴乖巧的好员工。其实她只不过是注意倾听别人讲话，给人留下了良好的印象。

丽萃在一次茶会上用心地听着一位刚从非洲旅行回来的男士讲他在非洲的所见所闻，几乎没有说什么话，但分手时那位绅士却对别人说："丽萃是一个多么会说话的姑娘啊！"这就是多听少说的效果，它能让我们更快地交到朋友，赢得别人的喜欢。当然，倾听决不仅仅是保持沉默，只需奉上两只耳朵听听而已。如果我们只用眼睛或耳朵去接收信息，而不用心去察觉对方的心意，就没有达到我们倾听别人的目的，结果只是浪费时间，并不能做到有效沟通。真正的倾听，是要用心、用眼睛、用耳朵去听的。

多听少说这一原则尤其适用于年轻人与长辈的交往，以及职场新人与上司、同事之间的交往。

对于老者的事情，我们要多听少说。年长的人一般不喜欢年轻人对自己的事发表太多的评论，如果年轻人说得太多，他们就会认为你不是一个尊敬长辈、谦虚好学的人。

对于那些刚从大学校园走进办公室的职场新人，最先看到的往往是企业的各种问题，包括管理制度、用人机制、工作方式，等等。而且，进入一个团队以后，新人们往往会听到那些公司的老员工抱怨这个领导不行、那个领导不好。于是有的新人也开始随声附和，这恰恰是企业领导人最不希望看到的结果。

总之，多听少说是一个处世良策，做到这一点，我们就会在人际交往中少受一些伤害，多交一些朋友。

多听少说这一原则适合于人一生中的任何一个阶段，初涉社会，多听少说是学习；中年时期，事业蒸蒸日上，多听少说可减少阻力；到了老年，更没有什么好说的了。老年人就应该缄默养气，鼓励年轻人，否则就无法赢得别人的尊敬。

既然倾听那么重要，我们如何巧妙地引导对方谈论自己，以使对方感到重要，从而达到沟通的目的呢？

（1）别人说话时，我们要注视着对方。这样就会让对方感到我们很重视他。

（2）稍微靠近说话者，要用心地听，要让对方感到他说的每一句话、每一个字对我们来说都很重要。

（3）我们要适时地提问，使说话者知道我们在认真地听。事实上，提问题是一种较高形式的奉承。

（4）不要随便打断对方的话题，无论我们多么渴望一个新的话题，也不要打断对方的话题，直到他自己结束为止。

所以，当我们与人谈话时，一定要学会抛砖引玉，把谈话的主导权交给对方，并且巧妙地引导对方谈论他们自己。这样我们就能够成为社交场合最受欢迎的人。

真诚地倾听可以让对方看到我们的诚意，也会让他对自己的表达充满信心。在交谈中，最怕的是对方没有表达的欲望。多听少说正好可以激起对方的表达欲，让话题滔滔不绝，让了解更深入。

用真诚赢得热忱

满足他人"帮助别人，自己快乐"的心理，使对方感到被需要，你就会多一个新朋友。

人是一种复杂的情感动物，有着各种各样的需求，其中包括被人需要的需求。在我们陷入困境的时候，会特别需要别人的帮助；而在别人有问题向我们请教的时候，我们又非常愿意为对方提供我们的意见，并把能够帮助对方解决问题当成一件十分开心的事情。

王成是一位大学刚毕业的法律系学生，因为律师考试没有通过，只好在一家法律事务所当职员。按照公司的规定，试用期间每一个人在一个月内至少要发展一个新客户。可是他刚刚离开大学校园，又没有什么背景，每次去拜访新客户，不是吃了闭门羹，就是要他回去等消息。

　　眼看着一个月的期限就快要到了，他心灰意冷，打算另谋出路。没想到就在这个时候奇迹竟然出现了，他不但开发出一个新客户，而且还借着这个客户的引荐，一连吸收了十几个新客户。他不但没被炒鱿鱼，反而晋升成正式职员，薪水也几乎翻了一倍，成了老板特别关注的新员工。王成到底是凭着怎样的本领，能够这么快就实现"鲤鱼跃龙门"了呢？

　　有一天，王成抱着试试看的心态去拜访一家公司的客户部经理。那个经理见王成是一个年轻人，脸上顿时显出了不悦的神情。王成心里有点惴惴不安，不知道怎样开口了。这时他突然发现经理的桌子上有一个牌子，上面写着"尉迟怀"3个字，王成猜测这可能是经理的名字。他想："如果以这个名字找话题，应该错不了。"

　　于是，王成就问道："您知不知道李世民发动玄武门政变时，功劳最大的那员猛将是谁？"经理愣了一下，说："知道，是尉迟恭。"王成心里想："你们是一个姓，当然会知道这个人了。"王成又说："对，就是他。今天听您一说，我才知道他叫尉（yù）迟恭。以前尽出丑了，总是叫他尉（wèi）迟恭。"

　　经理笑了："这也不能怪你，10个人里有8个人都会把这个字读错。"

　　王成说："是啊，尽管这个姓有点怪，可我听说，历史上姓尉迟的名人有不少呢，您知不知道都有谁啊？"

　　这一下就打开了这位经理的话匣子，他开始饶有兴致地讲了起来。

用这个少见的姓氏作为话题，王成和那位经理聊了起来。尽管他并未说明来意，也没谈什么细节，但仅凭这次愉快的交谈，就让他开发出一家财团做客户。而这家财团旗下所有的关系企业，全都与事务所签下了合约，聘王成所在的事务所做法律顾问，为事务所增加了一个极具实力的客户。

面对一个陌生人时，我们可以利用"帮助别人，自己快乐"这一点，向对方虚心请教一些问题，使对方感到被需要的心理得到满足，从而也为我们结交对方做一个良好的铺垫。

比如，我们可以问一个热心的园艺家："我想把花园中的一年生植物改种多年生的，您觉得我应该种什么好呢？"或对于一个 IT 行业的人，我们可以问："我想买一部传真机，您有什么好的建议吗？"

现实生活中总有一些人好为人师，老喜欢指导、教育别人，或显示自己。我们就可以有意找一些不懂的问题，或装作不懂地向对方请教。如："王总，在计算机方面您可是专家。这是我公司研制的新型电脑，请您指导，您看一下我们在设计方面还存在什么问题？"受到这一番抬举，对方就会接过电脑资料信手翻翻，一旦被电脑先进的技术性能所吸引，推销也便大功告成了。

对于陌生人，向他询问有关任何方面的问题都是可以的：政治、体育、股市、时尚和当地新闻，任何请教的问题都可以提，当然要除去那些很敏感或会引起争论的问题。

请教，是把自己放在一个较低的位置，也体现了自身的好学，这就为对方展示自我提供了可能和机会。需要注意的是，在请教中，一定要做到真诚。当一个人在用心请教、倾听时，对方就会感受到诚恳。这样一来，自己既收获了知识，也留给对方一个好的印象，为交谈提供了良好的氛围。

好奇心助你推销成功

塞缪尔·约翰逊说:"好奇心是智慧富有活力的最持久、最可靠的特征之一。"

那些不熟悉、不了解、不知道或与众不同的东西,常常会引起人们的注意,我们可以利用人人皆有的好奇心来激发对方的交谈兴趣。

现代心理学表明,好奇是人类行为的基本动机之一。美国杰克逊州立大学的一位教授说:"探索与好奇,似乎是一般人的天性,对于神秘奥妙的事物,往往是大家所熟悉关心的注目对象。"

我们来看一位顶尖销售人员的一则有名的故事。

这位销售人员是全国安全玻璃销售量的总冠军。当他被问及如何去开始销售对话时,他说,他会一走进会议室就问:"您有没有见过一种破了却不会碎掉的玻璃?"当准客户表示不曾见过的时候,他就会拿出一块完整的玻璃样本,把它放在客户的桌上,然后用一个榔头使劲敲。准客户会往后跳开以躲避玻璃碎片,但却发现根本就没有任何的碎片。这位销售人员就吸引了客户的注意力,接下来的活动就能顺利进行了。

这位销售员并没有跟客户怎样介绍自己的产品,而是问了一句"有没有见过一种破了却不会碎掉的玻璃",从而激起了客户的好奇心,让对方产生了想知道的急切心理，这样销售员就拿出自己的产品证明这就是自己所说的"破而不碎"的玻璃。

一般来说，与陌生人结识之前，他们是不会注意到我们的。所以，我们要先制造一种神秘气氛，引起对方的好奇，然后，在解答疑问的过程中，我们就不知不觉地和对方展开了交谈。

假设你是一个销售人员，当你对顾客说："您知道世界上最懒的东西是什么吗？"顾客会感到十分迷惑，但也会很好奇。这时你就可以继续说："就是您藏起来不用的钱。它们本来可以用来购买空调，让您度过一个凉爽而惬意的夏天。"

再比如，看到对方戴着眼镜，我们可以说："戴眼镜的人冬天会很麻烦，从外边进到屋里，镜片容易上霜，不过有一种方法可以防止这种情况的发生。"当我们说到这里，对方一定很想知道这到底是一种什么样的方法，然后我们再继续说下去："先把一小块肥皂均匀地涂在镜片的表面，再用干净的布去擦拭，把肥皂擦掉就行了。不过，用这种方法效果并不是很理想，你一般是如何处理这种事的呢？"

俗话说，好奇之心人皆有之。一个人无论他的年龄有多大，都会对自己所不了解的事物觉得新奇而感兴趣。如果我们从这方面稍微下点功夫，就能想到很多激发对方交谈欲望的话题。

英国著名作家毛姆，年轻时的他就像小草一样默默无闻，苦于自己的书无人问津。要知道，一位作者要让读者了解并接受自己，必须通过阅读他的著作。假若他向人介绍他的作品是如何之好，肯定没有几个人会相信他并购买他的书。于是毛姆别出心裁地在报纸上刊登了这样一则广告："某年轻百万富翁，性情温和，爱好体育、音乐，希望能够与毛姆最新作品中女主角性格相同的女士为友，而后谈婚论嫁……"几天以后，毛姆的著作十分畅销，竟使他跻身于著名作家之列。

一则小小的广告竟能带来如此轰动而神奇的效果，这不能不说毛姆自我推销技巧的高超。他巧妙地利用了人们的好奇心理，让人们对他的作品产生了兴趣，从而也就将他自己"推销"给了读者。

在抛出问题、利用对方的探索欲进行沟通时，不能生硬地设问、摆出问题，一定要学会丰富自己的提问技巧，让提问变得有趣起来。用有趣让提问变得生动起来，用提问激发出对方的探索欲，让沟通深入发展。

你能消除对方的戒备心理吗

> 戒备心理并不是人们与生俱来的，它自然也是可以消除的。

我们与陌生人见面，刚开始时一般都会说一些无关轻重的话，像"你也是来参加会议的"、"这里的环境还挺不错"、"刚才领导的讲话真有启发性啊"，等等，尽管这样可以让对方能接上我们的话题，但是，如果我们想与对方进行深入的交谈，还需要转换话题。

　　但是，假若我们能巧施善意、有技巧性地向对方说些出其不意的话，以表达我们的友好和善意，就能迅速地消除对方的戒备心理，拉近彼此之间的距离。中国有一句古话叫"出其不意，攻其不备"，在战场上用这招往往能够取得迅速的胜利。在与陌生人的开场白中，我们也不妨拿来一用，效果将会十分不错。

　　在美国的宾夕法尼亚州有一个富庶的荷兰农民区，让人感到奇怪的是，这里的人家都不喜欢用电，费城电气公司几次派人向他们推销产品均以失败告终。后来一个叫吉姆的年轻人来这家电气公司应聘销售员，公司的经理说："只要你能在荷兰农民区推销出一件产品，我们马上就聘用你。"

　　吉姆一口答应下来。他来到了农民区，经过一户整洁的农家时，他就问该区的代表："这些人为什么不爱用电呢？"代表显得很烦恼地说："他们都是些守财奴，你绝不可能卖给他们任何东西的。而且他们对电气公司也很讨厌，我已经和他们谈过，但无济于事。"

　　吉姆相信区代表所讲的是事实，可是他愿意再尝试一次。他轻敲这户农家的门，门只开了个小缝，年老的詹姆斯太太探出头来说："你是不是电气公司派来的？"吉姆刚说了一个"是"字，那位老太太立刻就把门关上了。

　　吉姆又上前敲门，她再次把门打开，吉姆说："詹姆斯太太，我很抱歉打扰了你，我不是来向你推销电气的，我只是想从你这里买些鸡蛋。"

　　那位老太太把门开得大了些，探出头来怀疑地望着吉姆。吉姆说："我看你家养的都是特种鸡，所以我想买一打新鲜的鸡蛋。"她说："你怎么知道我养的是特种鸡？"她似乎感到好奇起来。吉姆说："我自己也养过这种鸡，可是没有你这里养的好。"

这时，詹姆斯太太才放心地走了出来，并且和吉姆愉快地聊了起来。最后，吉姆告诉她，如果在鸡房里装上电灯的话，鸡会长得更快，蛋也会下得更多。

两周后，詹姆斯太太的鸡房里安上了吉姆向她推荐的电灯。

每个人都会有戒备心理。当对方表现出提防戒备时，要学会应对。对于初次见面的人，我们除了通常的寒暄外，从对方的角度考虑，将一些善意的话语以出其不意的方式说出，定能让对方吃惊，从而打破他们的心理防线，让他们很想知道我们为什么会这样说。这样，我们真正的目的也就自然而然地达到了。

展示自己的幽默，化解沟通障碍

适时地幽默、自嘲等，可以迅速打开尴尬的局面，让交谈变得轻松愉快。

在沟通中遭遇冷场和窘境，并不是可怕的事情。有些人能从容应对，而有些人则感到无从下手，往往会选择逃避，让自己失去进一步沟通交流的机会。

在与人交谈中，当你陷入尴尬的境地时，借助自嘲往往能使你从中体面地脱身。自嘲要求你具备豁达、乐观、超脱的心态和胸怀，同时，你应是一个自信的人。因为，只有足够自信的人才能拿自身的失误、不足甚至生理缺陷来"开涮"，对丑处、羞处不予遮掩，反而把它放大、夸张，最后巧妙地引申发挥、自圆其说，博得众人一笑。

小丽刚认识了一个朋友。小丽由于性格比较直，深得朋友的喜欢。一次，在聊天中，小丽说，听说你的爱人是大老板，方便的时候我请你们到我家做客，一起吃个饭。

小丽的话刚说完，这位朋友就不安起来。她的丈夫前不久刚因车祸去世，一下子说到了痛处，心里自然很难受。原本活跃轻松的气氛，一下子尴尬起来。小丽也是个聪明人，一下子看到了其中的问题。小丽心快手快，先是在脸上打了一下，然后说："你看我这嘴，我从小就是这样，口快心快，没有一个把门的，不知高低深浅，就会胡说八道。该打该打！"

朋友见到小丽一脸急切、诚恳道歉的表情，也大度地原谅了她的唐突。朋友平静地说："没事，都过去了，现在不提它了。"小丽赔完不是后，赶紧转换话题说，走，那边有一家很漂亮的衣服店，咱们去看看。就这样，小丽把双方从尴尬中解脱了出来。

经历这件事后，朋友也看到了小丽的为人，友情自然加深了。

如果在沟通中，出现了这样或那样的尴尬，最好的办法就是能迅速地把不好的影响降低到最低点，通过自嘲、幽默等方法，从中走出来。

没有人在一生中不会失态，我们要学的就是抢先一步对自己进行调侃，这既是对对方的尊重，也是避免让自己难堪的方法。

20世纪50年代初，美国总统杜鲁门会见十分傲慢的麦克阿瑟将军。会见中，麦克阿瑟拿出烟斗，装上烟丝，把烟斗叼在嘴里，取出火柴。当他准备划燃火柴时，才停下来，对杜鲁门说："我抽烟，你不会介意吧？"

显然，这不是真心地向对方征求意见。杜鲁门讨厌抽烟的人，但他心里很明白，在面前的这个人已经做好抽烟准备的情况下，如果说他介意，那就会显得自己粗鲁和霸道。

杜鲁门看了麦克阿瑟一眼，自嘲道："抽吧，将军。别人喷到我脸上的烟雾，要比喷在任何一个美国人脸上的烟雾都多。"

杜鲁门总统通过自嘲让自己摆脱了难堪的境况，而他的自嘲，也包含着一些责备和不满，既让自己开脱了，也在无形中给了傲慢的将军以含蓄的训诫。

这个故事意在说明，面对尴尬，我们可以通过自嘲、幽默等方式来解决。大多数人都不喜欢陷入难堪的境地，也不喜欢身处尴尬之中。然而，一旦碰到类似的情况，如果过分掩饰自己的失态，就会弄巧成拙，让自己变得更尴尬。沟通的大忌，就是自己乱了阵脚，使对方心神不宁、坐立不安。这样一来，只会使沟通陷入不欢而散的泥潭。学会通过漫不经心、自我解嘲的口吻说一些取悦于人、开罪于己的话，就能活跃气氛、消除尴尬。

自嘲离不开幽默，幽默又与个人的性格和素养有关。要想让自己在必要时能幽默起来，就在平时多观察生活中的细枝末节，多看笑话、喜剧片、相声小品，或是多看名人逸事中的幽默，并记住适合自己的那些幽默的语句。

在沟通中遭遇尴尬，运用自嘲既能使对方的自尊心得到保护，照顾对方的情绪和感受，也可以为自己平添许多风采。当然，自嘲要避免采取玩世不恭的态度。我们要学习的是积极的自嘲，它还包含着自嘲者自尊、自爱，以及对对方的尊重、理解等。

美化表达，让彼此愉悦

> 要想让沟通变得更顺畅，就要让自己的语言丰富、生动起来。

美化表达，需要从句调、语调以及谦辞等方面入手。

首先，要学会说有特色的各种句调。

句调的定义为：一句话声音的高低变化，句调是语调中主要的内容。根据不同的高低变化，句调可以分为升调、降调、曲调、平调 4 种。在日常生活中，我们多多少少都接触到了不同的句调，但只有熟练掌握句调的特点，多加练习，才能在沟通中灵活地表达出不同句调。

一句话是否有表现力，就在于声音的高低、语速的快慢。声音的高低是由声带的松紧决定的，声带拉紧，声音就变高；声带放松，声音就变低。自由地控制声带的松紧，就能发出不同的高低音。

降调是先高后低，但声音不是明显下降，只是逐渐降低，句末音节短而低。这样的特点，决定了在交谈中，降调要多用于情绪平稳地陈述一件事，强烈地表达自己的感情以及表达愿望的句子中。

升调的特点为前低后高，整个句子的后半句明显升高，句末音节高亢，在沟通中，当我们提出问题、等待回答，或者感到出乎意外时，都可以用升调。

平调变化不大，平稳、舒缓，多用于表达分量较重的文句，如庄重严肃、冷淡漠然、思索回忆、踌躇不决等。

曲调最为复杂，表现为句调由高转低、自低升高；或由低转高，再降低。曲调能表达出复杂的情绪或隐晦的感情，所以常用于语义双关、言外有意、幽默含蓄、讽刺嘲笑、意外惊奇、有意夸张等处。

其次，要让自己的语调变得抑扬顿挫。

无论是在同家人的沟通中，还是与朋友的聊天中，丰富的语调才能让自己的表达显得抑扬顿挫，充满一种自然和谐的音乐美。这样的表达能细致地传递出说话者的思想感情和语气，让语言更富有吸引力。一个人的语调越多样化，在表达时就越生动活泼，就会有更大的吸引力。因此，要掌握必要的分寸感，这是使语调正确的首要条件。

美国心理学家阿尔皮特经过大量的观察研究指出，一个友好的谈话必然符合这样一个公式：谈话的友好＝7%的说话内容＋38%的声调＋55%的表情。谈话中，声调和表情的重要性可见一斑。

这个公式得到了一位艺术家的证明。

意大利著名的悲剧表演艺术家罗西有一次应邀为外宾表演。由于罗西是意大利人，所以在台上用意大利语念起一段台词。台上的罗西非常投入，尽管外宾听不懂他念的是什么内容，但听到他抑扬顿挫的语调，看到他满脸的辛酸和凄凉，不禁泪如泉涌。很多人都以为罗西在表演自己的拿手剧目，在表演悲剧。

罗西表演结束后，台下掌声雷动。这时，翻译向台下的观众解释说，刚才罗西念的根本不是什么台词，而是大家面前桌子上的菜单。由此可见，语调在表达上的重要性。

同样一句话，由于语调不同，就产生不同的表达效果，让人产生不同的理解。文明语言在某种语调下，就含有不尊敬对方的意思；同样，一些不礼貌的语言变换了某种语调，就可以用来形容一种亲密无间的关系。这种差别的关键就在于语调分寸感。恰当地运用不同的语调，是衡量一个人口头表达能力的重要标志。

最后，要控制说话的轻重快慢。

在沟通时，表达一定要有轻重快慢之分。一般来说，重要的词语或需要强调的内容说得重些，句子中的辅助成分或平淡的内容说得轻些。如果在表达中不分轻重，很容易让对方错失重要信息，也是个人表达能力差的体现。说话轻重适宜，就能使语意清晰分明，让声音的色彩更为丰富，双方就能在生动活泼的语气氛围中进行高质量的沟通。

打雷一般的说话方式，往往会造成听众情绪及听力上的负担，形成疲劳感。大声说话会让对方同自己保持距离。而且大声说话也容易产生误解。

说话音量过大，虽然没有敌意，有时却会让人误以为你在生气或是想吵架，这是不是挺冤的？所以说话声音不宜太大，对方能清楚听见即可。

音量太小也不恰当。一些人说话声细如蚊子，只有自己才听得见。这给对方制造了较大的难题。说话的目的就是与人交谈、沟通，如果无法让对方听清楚，你的话就不具有意义，只能算是自言自语而已。

除此之外，在沟通表达中，还要注意使用谦敬语。谦敬语就是客套话，是指在人际交往中经常使用的、用来表示谦虚、尊敬的礼貌用语。

谦敬语是沟通中的润滑剂、黏合剂，能减少人际间的"摩擦"和"噪声"，可以沟通双方感情并产生亲和力，其作用是不可低估的。一些互不相识的人可以通过谦敬语使彼此乐于相交；初次见面的人也会因为谦敬语变得亲近起来。"请"、"您"、"谢谢"等，都是谦敬语。

交谈时常用的谦敬语主要有以下几种：

1. 谦敬称呼用语

称呼尊长可用老先生、老同志、老师傅、老领导、老首长、老伯、大叔、大娘等。

称呼平辈可用老兄、老弟、先生、女士、小姐、贤弟、贤妹等。

自谦可以用鄙人、在下、愚兄、晚生等。

2. 事物谦敬用语

称姓名的敬辞可用贵姓、尊姓大名、尊讳、芳名（对女性）等。

称年龄的敬辞可用高寿（对老人）、贵庚、尊庚、芳龄（对女性）等。

住处可用府上、尊寓、尊府等。

见解可用高见、高论等。

身体可用贵体、玉体等。

自谦辞：

称姓名——草字、敝姓等。

称朋友——敝友等。

称住处——寒舍、舍下、蓬荜等。

称见解——愚见、拙见等。

称年龄——虚度××。

3. 谦敬祈使用语

请人提供方便、帮助——借光、劳驾、有劳、劳神、费心、操心等。

托人办事——拜托。

麻烦或打断别人——打扰。

求人解答——请问。

劝告别人——奉劝。

请别人——大驾光临、欢迎光临、恭候光临。

请别人不要送——请留步。

请别人提意见——请指教、请赐教。

请别人原谅——请包涵、请海涵。

4. 谦敬欢迎用语

欢迎顾客——欢迎光顾、敬请惠顾。

欢迎客人——欢迎光临。

初次见面——久仰、久仰大名。

许多时未见——久违。

访问——拜访、拜望、拜见、拜谒。

没有亲自迎接——失迎、有失远迎。

自责不周——失敬。

拜别——告辞、拜辞。

送别——请留步、请回、不必远送。

中途辞别——失陪。

美化表达，可以让双方的语言特点更加突出，引起听者的注意和思考，易于被人理解和接受。在沟通中，通过句调、语调以及轻重快慢和谦辞等，就能营造一个更加顺畅的表达空间，让沟通变得更容易、更有效。

"尊重"帮你绕过雷区

把对方当个重要人物。

任何人都有自尊和被人尊重的需要，因此，尊重人应是我们基本的素养。如果一个人不能满足他人的这种最基本、最简单的需要，那么这个人自然不会得到他人的喜欢，也不会有人愿意与他相处。古人曾说："君子敬而无失，与人恭而有礼。"只有尊敬别人，别人才会尊敬自己，互相尊敬才能互相受益。

学会满足他人的自尊心，让他人感觉到自己是个重要人物，是每一个人内心里最强烈的欲望。

我们来看下面一则故事：

5个老太太约好一起去餐馆吃饭，借以庆贺她们之中最年长的那位老太太的生日。这5个人的年龄都在70岁以上。点菜的时候，其中一位服务员说："这并非一顿平常的午饭，而是为了要庆贺玛莎85岁的生日。"接着，她又问了一句话：

"请问，你们中哪一位是玛莎？"这句话当场就得罪了其中的4个人，但却使得她很快和其中的一个人交上了朋友。这句话本是一句再平常不过的问话，但是，在这种交际环境中，它却传达出了这样一层意思，即她们5个人的年龄看上去相差无几，以至于无法分辨出最年长的玛莎。而这句话也使得几个人分别有了不同的感受，其中，玛莎感觉自己和其他4个人一样年轻，这就使得她的自尊心——自己还很年轻的虚荣心得到了很大的满足，因而她十分喜欢这位服务员；而另外的4个人则感觉服务员的意思是她们自己和玛莎一样年长，4个人的自尊心都如同被蜜蜂蜇了一下，感到十分不舒服，进而对她极为恼火。

俗话说："人活一张脸，树活一张皮。""脸"，说的就是人的自尊，维护他人的自尊心是使双方的交际得以继续开展的前提。若是让他人的自尊心受到了伤害，双方不但无法顺利地交谈下去，还会导致双方无法合作，甚至后果更为严重。

布鲁克林一家最大的医院正在扩建，准备成立全美最好的X光科。一位大夫负责X光科的工作，整天受到一群推销员的围攻，他们一味地向这位大夫推荐他们的设备。

然而，有一位制造商并没有直接上门推销，最终却出人意料地做成了这笔生意。他比其他人更懂得对付人性的弱点。他给那位大夫写了一封信，内容大致如下：

"我们的工厂最近设计完成了一套新型的X光设备。这批机器的第一部分刚刚运到我的办公室来。当然，它们并不是十全十美的。我知道这一点，我想进一步改进它们。所以，如果您能抽空来看看它们，并提出您宝贵的意见，使它们能得以改进，那我们将十分感激。我知道您非常忙碌，我会在您指定的任何时间，派我的车子过去接您。"

那位大夫接到这封信后，颇感吃惊的同时又觉得受到了极大的恭维。因为在此之前，还从没有任何一位 X 光制造商向他请教过，这就使他觉得自己对别人来说还是很重要的。虽然当时他每天都很忙，但是他还是推掉了一个晚餐约会，以便去看那套设备。结果，他看得越仔细，越发觉得自己非常喜欢它。最后，他下了决心，为医院买下了那套设备。

我们再来看一个反面例子。

一个刚毕业的大学生到某公司工作。上班的时候，突然闻到一股难闻的味道。旁边有一个同事正在说话，他发现原来是这个人有口臭。于是，他就大声嚷道："大哥，你今天刷牙了吗？我都快要被你的口臭给熏死了，简直就像死鱼的味道。"说着他好心地递给同事一块口香糖，"快吃一块吧！"周围的同事都看着他们，有几个女同事还在那儿窃窃私语着，而几个男同事则发出了笑声。有口臭的同事霎时面红耳赤，不但没有接他的口香糖，反而甩门而出。

从那以后，那个同事对他的态度十分冷淡。而这个刚毕业的大学生觉得自己只不过是开了一个小小的玩笑，没想到会这样！

我们从语言表达上来分析，上述这个大学生说话过于直接，不太会表达。而从心理学的角度来说，在说话的时候，他没有考虑到他人的感受，无意间就伤害了那位同事的自尊心。

一个人的自尊主要来自于自我价值感的体验，而自我价值感又源于人际交往过程中他人对自己的态度。别人的肯定会使我们的自我价值感增强，而别人的否定则会让我们感觉到自我价值感受到了威胁。所以，这就是为什么人们对交际过程之中人们向他传达的否定性的信息如此敏感的原因。

　　自尊是一个人力量的源泉，我们应该在任何时候都尊重他人，保护他人的自尊心，不伤害别人的自尊，这是每一个人应有的底线。尊重别人的自尊心，也是一件微妙的事，需要把握好分寸。如果一个人对他人的尊重过了头，会给人一种低三下四的感觉；如果对他人过度地同情和帮助，虽然是尊重对方，但又难免让对方的自尊心受损。

　　在交际过程中，我们要尽可能地肯定他人，从而增强其自我价值感，维护他人的自尊心，让他人感觉到自己受尊重和重视。在人际交往中，凡是他人的弱点、缺点、一切不如别人之处，都有可能是他人所忌讳的。因此，我们千万不要去碰触这些"雷区"。

第四章
完美收场：
印象深刻让交往持续

与陌生人沟通，除了要有一个勇敢的开场，当然也要有一个漂亮的收场。否则，精心巧妙的沟通就会失分。维持好已然建立起来的联系，给对方留下良好的印象，增加持续交往的可能性，改善你的人际关系。

一个完美的"收尾"

把握合适的时机，结束交谈。

关于写文章有一个"三段论"的说法，即"凤头、猪肚、豹尾"，而我们与陌生人结交的过程和写文章一样，也需要有个"引子"、"正文"和"收尾"。

与人初次见面，先说问候的话，引出话题，就是"引子"，真诚而自然地交谈就是"正文"，适时结束交谈，向对方告别就是"收尾"了。只有把这三个部分处理得恰到好处，才能使第一次交谈有个满意的结果。前面的"引子"、"正文"我们都进行得很顺利，那么，我们最后需要做的就是要有一个完美的"收尾"。

小王代表公司参加了一个展销会，还认识了一位很漂亮的女士。通过交谈，小王知道对方与自己是同行，因此，他们就自然地聊起了双方所熟悉的话题。那位女士十分健谈，小王虽然话不多，但在关键时刻能说出让人感到舒服的话，有时开导她一下，有时称赞她一下，这样一来，对方谈兴大增，很有与小王相见恨晚的意味。

聊了一会儿，小王就有些坐立不安了，因为老总曾交代他，展销会结束后，尽快把情况向公司汇报。小王几次想打断她，但都不太好意思。毕竟对方是个女士，又聊兴正浓，这样打断对方显得很不礼貌。

又聊了一会儿，小王心想不能再继续说下去了，得想个办法让她住嘴。突然，小王有了主意。只见他一会儿四处张望，一会儿又看看手表，脸上还显露出很焦急的样子。很快，那位女士注意到了小王神态的不对，就问小王怎么了。小王也没隐瞒，如实向她说明了原因。那位女士笑了，埋怨小王为什么不早说。然后就催小王赶快办正事，还对小王说以后常联系。

　　幸亏上述这位女士是一个爽快的人，而且观察能力还很强，看出了小王有急事的样子，否则，小王还真要为结束交谈而费一番脑筋呢。其实，小王的这种做法是不太妥当的。如果对方是个爽快人，可能会询问他是不是有急事，如果对方是一个较敏感的人，很可能会误会他的做法。

　　俗话说，天下没有不散的筵席。我们与陌生人不管相谈如何甚欢，都有说再见的时候。假若是对方先提出结束交谈，我们就可以礼貌地与之说道别的话；假若对方没有要结束的意思，我们就应该找准时机，巧妙地向对方提出结束交谈。具体我们应做到以下几点：

　　1. 从时间上进行把握

　　比如，聚会快结束的时候，我们可以适时提出结束交谈；时间快到中午、晚上，或者是晚上时间很晚了，这时我们就可以以"时间不早了"为借口，向对方提出结束交谈。

　　2. 从双方的交谈内容中找出结束的时机

　　假若双方就某一个话题谈得很投机，而此话题所涉及的内容又很广，一时半会儿好像又结束不了，就可以跟对方说另找时间再谈。或者，当转移话题的时候双方都没有什么话可说，这时我们就可以选择结束交谈。

　　3. 以突发事件结束交谈

　　比如，聚会时有主持人要讲话，或者有人、有电话找对方（自己）时，是最好的结束交谈的时机。

　　另外，假若需要见面交谈，我们最好到对方家里"登门拜访"，而不要约他"光临寒舍"，这样我们就可以掌握结束交际的主动权。假若对方来自己家做客，我们不必为了显示热情而拼命挽留对方。否则，假若对方不好意思立即告辞，那么再开始的交谈只能是纯粹的应酬了，很难涉及实质性的问题。

　　再默契愉快的交谈也会有结束的一刻，把握好结束的时机才能为下一次见面埋下伏笔。一些人不善于观察，在对方谈兴正浓时结束话题，难免会让对方感到遗憾，给人一种不懂事、没有礼貌的感觉。学会适时结束交谈才能抓住下一次交谈的机会。

道别的方式

> 道别是人际交往过程中的最后一个环节，越到最后越为关键，不能轻视，更不能忽略。

　　同作为口语活动的演说相比，与陌生人交谈的结束语并不需要我们刻意地去追求"艺术效果"，也不需要讲究诸如"楔子"、"噱头"、"幽默"、"出人意料"或"戛然而止"之类的形式和"技巧"。然而，交谈毕竟是一种有目的的社会交往活动，我们不但期待与对方进行友好的沟通，更希望借此机会让对方成为我们的朋友，以便今后能经常联络。所以，懂得结束交谈的礼仪、会说道别的话也是我们必须掌握的知识。

公司派李东去拜访一个客户，之前他们彼此并没有来往过，互相并不熟悉。李东只是听同事说对方是一个书法爱好者。为此，李东特意书写了一篇大字，以备交谈的时候能够用上。

对方对李东表现得很客气，双方就工作上的事进行了一番交谈，又聊了一些无关紧要的话。时间到了下午6点，是吃晚饭的时候了，该结束拜访了，但李东感觉对方与自己的距离还是很大，这对以后工作的开展很是不利。在起身的时候，他顺手拿出了自己书写的大字，说："时间过得真快啊，我也该告辞了，谢谢您的合作！我还有件事想向您请教一下，我知道您是书法专家，我也很喜欢书法，但不知道怎样提高自己的水平。"说着，李东拿出了自己写的大字。

客户听完李东的话，眼睛一亮，拿着大字端详了一下，说："不要说我是专家，我也只是爱好而已。你写得不错。这样吧，这个周末我有时间，你来我家，咱们再好好研究一下。"

上述故事中的李东在与人道别的关口用技巧性的问题拉近了与对方之间的心理距离。我们生活在一个多姿多彩的世界里，在这个世界里不只有着美丽的风景，同样也有着不同个性、不同气质、不同人格魅力的人，而我们每个人都渴望得到别人的欣赏与认同。这一点在与陌生人沟通时，无疑是非常重要的。故事中的李东就是利用了这点，在结束拜访的时候，提起了对方感兴趣的事，不仅争取到了再次见面的机会，还为双方的进一步结交作了良好的铺垫。

与陌生人结束交谈，如何说道别话，这也是一门需要学习的艺术。聊得好，双方欢喜，感情加深；聊得不好，双方难堪，拉大彼此间的距离。一般来说，我们与人道别的方式有如下几种：

1. 道谢式

这在交谈艺术中具有较强的礼节性，它的基本特征是用讲"客气话"作为交谈的结束语。道谢话适用的场景和对象是最为广泛的，不管是上下级间、同事间，还是左邻右舍之间都是适用的。比如，"如果不是听了您的话，我真不知道这件事应该怎么处理，哪天我能再向您求教呢？""你对我学习上的帮助，生活上的关心，使我十分感激……""今天真是太感谢您了，改天我一定去拜访您……"

2. 关照式

当我们与对方谈了我们的思想、意见、看法或随口流露了某些内心意向之后，觉得谈话中的有些话或问题是带有范围性、对象性、保密性和重点性的，不宜张扬开去。当交谈即将结束时，我们就要告诉对方不要将其中的某些话，或某些问题向外说出去。例如，"刚才我讲的一些话，只一些不成熟的个人看法，不必让他人知道的时候，请你保密，好吗……""我说的全是心里话，有关某某的事你千万别向外人说啊，不然会惹出麻烦的。"

这种关照性的道别，有一种提醒注意、防患于未然和强调重点的作用，能增强对方的"使命感"与"责任感"。

3. 征询式

所谓征询式道别，是指当一次交谈行将完成时，我们可根据自己的"谈话使命"综合"交谈情况"——即目的与交谈后的吻合情况，说出向对方征求意见、看法、说明、要求，或建设性的建议、忠告、劝诫等。例如，"您对我还有其他意见和看法吗？如果一时想不起来，日后您尽管提出来，我这个人是非常乐于接受批评的……""您觉得我还应该注意些什么，怎样做能够更好呢？""真是听君一席话，胜读十年书啊，不知道我们下次什么时候会再见面？"无疑，这样的话让对方听着有种备感亲切、心心相印的感觉，从而促使双方关系融洽，有利于我们进一步的结交。

4. 邀请式

邀请式即我们运用社交手段向对方发出礼节性邀请或正式邀请。礼节性邀请的效用体现了"套式"所需的礼仪，正式邀请是一种友谊富有生命力的表示。如正式邀请："今天跟您的交谈十分愉快。您哪天赏光到我家来吃顿便饭，那时我们再作长谈……""您对我们这里的风俗这么感兴趣，不如这个周末我带您到处去参观一下……"

正式邀请是一种礼节，更是一种友好和友谊的表示。运用这种结束语，无疑是最符合我们结交朋友的愿望的。

总之，道别话是多种多样的，只要我们能够驾驭情境，选择得当的结束语，不仅会使我们的交谈得体、有趣，可能还会迅速达到我们在交谈中所要达到的效果。

相送的礼节，锦上添花

如何让对方记住我们？第一印象和最后印象至关重要。

经相关研究发现，在社会交往中，我们每个人都会以自己不同于别人的相貌体态、气质风度、仪表神情、言谈举止等外部特征给别人留下特定的印象。而在与人交往的不同阶段，给人留下的不同印象又会产生不一样的效应。

与人初次接触后所形成的印象称作第一印象。第一印象对日后他人对我们形成的总体印象有着极大的决定力和影响力。也就是说，第一印象在别人的头脑中所烙下的印记是十分深刻的，因而也很难改变。这种现象在心理学上被称为首因效应。所以，一般情况下，不管是知觉者还是被知觉者，都十分重视第一印象。

与人最后一次接触所形成的印象称作最后印象。最后印象往往具有对先前印象的修正与改进作用，以及对总体印象的定格作用。也就是说，最后印象往往会将先前的印象覆盖住，因此它具有长久的、稳定的影响力。

由此看来，如何给对方一个良好的最后印象，就是我们能否让对方记住我们并继续交往的关键所在了。

还记得我们在中学学过的那首脍炙人口的诗——《赠汪伦》吗？现在我们再来看看汪伦是怎样送别李白的。

汪伦曾一度做过县令，卸任后把家迁到了桃花潭，做了一个寄情于山水的普通人。汪伦听说大诗人李白旅居南陵叔父李冰阳家，便写信以"十里桃花"、"万家酒店"为名，邀请李白来家中做客。

李白欣然应邀，并很快前往。李白到后，汪伦盛情款待，搬出用桃花潭水酿成的美酒与李白同饮，并笑着对李白说："十里桃花是指十里外的潭水名，万家酒店是一个姓万的人开的酒店。"李白听后大笑不止，并不以为被愚弄，反而被汪伦的盛情所感动，于是在汪伦那里连住了数日。

几天后，李白告诉汪伦他将要乘舟去庐山，汪伦感到依依难舍。虽然与李白相识才几天，但是，他已经把李白当成了一生的朋友。然而，汪伦知道李白是一个豪放不羁的人，"此次一别，他还会记得我这个乡下人吗？不如用一个特殊的送别方式，希望他能永远记住曾经还有我这样一个朋友。"

这一天，李白上了船，但不见汪伦相送。待船快要开的时候，李白忽然听到了一阵悠扬的歌声，这才发现，汪伦穿着盛装，一边跳着当地特有的送别舞蹈，一边唱着古老的《踏歌》。舞蹈节奏明快，歌声慷慨激昂。李白看到这里，十分感动，顿时文思泉涌，大笔一挥作了一首诗——《赠汪伦》："李白乘舟将欲行，忽闻岸上踏歌声。桃花潭水深千尺，不及汪伦送我情。"

李白也的确是把汪伦当成了知己，不仅仅是在于汪伦的热情款待，更在于临行时汪伦特有的告别方式。

所以，我们在日常的社交应酬中应当像汪伦学习，学习他的热情待客，更要学习他在送别上花的心思。

我们再来看一个关于古人的例子：

李夫人是汉武帝最为宠爱的妃子。李夫人生病后，汉武帝刚开始并没有把她的病当一回事，然而没有想到李夫人的病情很快就加重了，汉武帝终于有些担心了，亲自前去看望。

　　听说皇帝驾临，李夫人立刻用被子将自己的脸蒙了起来，说："我已病得太久了，容貌憔悴不堪，不能再见皇上。我死后，希望您能替我照顾我的儿子和兄弟们。"汉武帝说："你已病成这样了，我这次来也许是见你最后一面，你当面托付后事，不是更好？"李夫人答道："不整理仪容，不得见君父。我不敢有违圣人的教诲。"汉武帝急忙说道："只要你肯再让我见你一面，我就赐你千金，封你兄弟为高官。"李夫人拒绝道："封不封官全凭皇上您的心意，并不在于见不见这一面。"她越是不愿见，汉武帝就越想见，可是不管他怎样好说歹说，李夫人就是不见，而是无声地哭了起来。

　　放眼天下，恐怕汉武帝还从来没有想过，世上会有哪个人（无论是男人还是女人）敢违抗自己的圣旨，不想见自己的面——而且是自己好言相求之下仍然不见的。他十分恼火，起身就走。

　　入宫陪侍李夫人的李家姐妹们都被武帝气愤的模样吓坏了，汉武帝一走，她们就七嘴八舌地责备李夫人："你为什么就是不肯见皇帝一面嘱托兄弟、儿子呢！难道你怨恨他如今才来看你吗？"李夫人叹息道："我之所以不肯见皇上，正是为了要他更好地托付兄弟、儿子。我因为生得美貌，才能由卑贱中得到皇帝的宠爱。世上以色事人者，色衰则爱驰，爱驰则恩绝情断。皇帝喜欢我，完全是因为我的容貌。我重病之后，从前的美色也一并消逝，如果真被皇帝看见我如今这个样子，他只会厌恶唾弃我，就连从前留给他的好印象也会一扫而光，他哪里还会顾念旧情、照顾我的孩子和兄弟呢！"

　　就在汉武帝这一次探病之后不久，李夫人便仙逝了。汉武帝对她却念念不忘。

在与对方告别时，我们可根据不同的场合选择不同的告别方式。

1. 如果是在对方家中，离开时要主动告别

我们离开时，要向主人致意。出门后，要请主人留步并道谢，如说声"谢谢您的热情款待"、"请留步"等，一定不可把主人甩在后头，头也不回地大踏步离去。

2. 如果是对方来做客，当客人告辞时，我们应真诚挽留

不管是朋友来访，还是业务上的往来，当对方离开时，作为东道主，一定要热情相送，不要一出门，对方说"请留步"，就不再送了。否则，当客人走几步再回头致意时，发现主人不在，心里会感到很不舒服。同时，送客回屋后，应将房门轻轻关上，不要使其发出声响，那种等客人刚出门就把门"砰"地关上的做法是十分不妥的，并且很有可能会因此而葬送在客人来访时你精心培植起来的所有感情。

对那些远道而来的客人，我们要事先为他买好车票、船票，临走时送客至车站、码头，并等车、船开动消失在视野之中后再返回。送客时尤其不要表现得心神不宁或频频看表，以免客人误解成我们催其快快离开。

为了表达对客人的友好热情，临别时，别忘了告诉客人代表我们向他们家人问好，我们可以这样说："请代我向令尊令堂大人问好！""请代我向其他亲友问好！"必要时我们还应赠送客人一份土特产或纪念品，请客人带回去。

3. 如果是第三场合，可以与对方握手后再挥手道别

挥手道别的正确做法一般是：（1）身体站直，不要前后左右地摇晃摆动。（2）眼睛看着对方，不要东张西望、眼望别处。（3）一般用右手，也

可双手并用，但不要只用左手挥动。（4）手臂尽量向上前伸，不要伸得太低或过分弯曲。（5）掌心向外，指尖朝上，手臂左右挥动；用双手道别，两手同时由外侧向内侧挥动，千万不可上下摇动或举而不动。

假若是商务会谈，要尤其重视告别时的握手。告别时，我们要真诚地看着对方。如果我们的握手持续3秒到5秒，那么我们的眼光也要停留3秒到5秒，并诚恳地说："我们今天就谈到这里。很高兴认识（或再次见到）您！"如果气氛融洽，此时把你们约定的事情再强调一遍则会更好。如果你是接待方，那么你一定记得先等客人起身后再起身，否则就有下"逐客令"的嫌疑了。送别的言行一定要表现出诚恳和从容。如果送到大门、电梯门、汽车门时，最好目送对方直到离开为止。

礼节反映了一个人的教养，也反映了一个人对对方的重视程度。如果整个谈话都是愉快的，在相送礼节上的失宜就会让之前的努力前功尽弃。学会相送的礼节，才能为整个交谈锦上添花。

为下次见面创造机会

一场交谈结束，要为下一次见面创造机会。

做事一定要有始有终，同样，在与陌生人进行了真诚而友好的交流之后，我们应把结束当成开始那样重视，把握好结束交谈的时机，选择恰当得体的语句与对方道别，使对方加深对我们的印象，期待能够再次与我们进行交谈。

送别一般是在来宾离去之际，出于礼貌，而陪着对方行走一段路程，或者特意前往来宾返程之处，与之告别，并目送对方离去。常见的送别形式有道别、话别、饯别、送行等。

道别时，有两点需要我们特别注意，一是道别的言辞要说得热情洋溢，满含真诚；二是道别时的举止，要及时、得体、到位。

按照常规，道别应当由来客主动提出来，如果主人先与来客道别，难免会给人一种厌客、逐客的感觉，所以一般是不应这样的。在道别时，客人往往会说："就此告辞"、"后会有期"等客套话。而此刻主人则一般会说："一路顺风"、"旅途平安"等。有时，宾主双方可能还会向对方互道"再见"，叮嘱对方"多保重"，或者委托对方代问其同事、家人安好。

在道别时，应特别注意以下四个环节：

一是应当对客人加以挽留；二是应当让客人先起身；三是应当让客人先伸手；四是应当送客人一程。

话别，亦叫临行话别。与客人话别之际，一要讲究主随客便，二要注意预先相告。最佳的话别地点，是客人的临时下榻之处。在接待方的会客室、贵宾室里，或是在为来宾饯行而专门举行的宴会上，亦可与来宾话别。参加话别的主要人员，应为宾主双方身份、职位大致相当者，或对口部门的工作人员、接待人员等。话别的主要内容有如下四点：一是表达惜别之意；二是听取客人的意见或建议；三是了解客人有无需要帮忙代劳的事情；四是向客人赠送纪念性礼品。

饯别，又称饯行。它指的是，在客人离别之前，东道主一方专门为对方举行一次宴会，以便郑重其事地为对方送行。为饯别而举行的专门宴会，一般称作饯别宴会。在客人离别之前，专门为对方举行一次饯别宴会，不仅在形式上显得热烈隆重，而且往往还会使对方有备受重视之感，并因而加深宾主之间的相互了解。

送行，一般是指主人在异地来访的重要客人离开本地的时候，特地委派专人或亲自前往来宾的返程之处，与客人亲切告别，并目送对方远去。在接待工作中需要安排送行的对象主要有：正式来访的外国贵宾、远道而来的重要客人、关系密切的协作单位负责人、重要的合作单位的相关人员、年老体弱的来访者、携带行李较多的人士，等等，当客人要求主人送行时，一般应当满足对方的请求。

在考虑为客人送行的具体时间这一问题时，重要的是要同时兼顾如下两点：一是千万不可耽误客人的行程；二是千万不可打乱客人的计划。为客人正式送行的常规地点，一般应当是来宾的返程之处，像机场、码头、火车站、长途汽车站等。倘若客人返程时将直接乘坐专门的交通工具，从自己的临时下榻之处返程，也可把来宾的临时下榻之处作为送行的地点，像宾馆、饭店、旅馆、招待所等。

如果还要举行送行仪式的话，送行的地点往往要选择适合举行仪式的广场、大厅等。为客人送行的时候，对于送行人员在礼节上也有着一些具体的要求：一是要与客人亲切交谈；二是要与客人握手告别；三是要向客人挥手致意；四是要等对方走后，自己再离去。

如果能够做到这些，我们就创造出了与对方再次见面的机会。

交往的维持

> 如果想要与对方继续保持联系，留下联系方式不失为一个明智之举。

当我们向对方要姓名和联系方式时，对方通常会不愿直接把电话号码给我们。针对这种情况，我们可以先问对方有没有电子邮箱、MSN 或 QQ 等，对方一般都会乐意给我们的，因为这通常不会牵扯到隐私和骚扰的问题。

一个想要和我们取得继续联系的人，即使我们只有他的电子邮箱，只要我们写信给他，他通常都会回信给我们的。一个不想要和我们继续联系的人，就算把电话号码给了我们，也有可能是一个错误的号码。所以，想要与别人继续交往，特别是成为男女朋友，最安全、最保险的办法是留下网络联系方式，像 MSN、QQ、Blog，等等，以后通过网络继续联系，经常性地问候对方，循序渐进地培养彼此之间的友谊或感情。

由于网络信息技术的发达，我们的人际关系很可能会在广度与密度上得以提升与增加。所说的广度来自网络社区、博客、聊天室等，从这些渠道中我们可以认识来自五湖四海的朋友；密度，则因为现代人大多会很频繁地使用计算机。也许正因为是躲在网络及文字之后的安全感，使人与人之间更容易卸下心理防线，建立深刻的情谊。这种自在又深入的交谈方式，如果我们用得好，就能很快拉近我们和刚认识的人之间的距离。

很多时候，人们的心里话并不愿意对身边的人讲，却很可能在网络上对一个还不怎么熟悉的人敞开心扉，这是人类情绪生活中一个十分普遍的现象，与谁说话都是有选择的，说什么样的话也是有选择的。比如我们跟上司说话不能随随便便，跟同学在一起就可以打打闹闹。而有一些话既不能对上司说，也不能跟同学说，和家人说也不合适，这时候就需要找到倾诉的对象，网络正好提供了这样的空间。

有人很喜欢吹嘘，所以在火车上跟所有的人夸夸其谈，把自己一下子吹得特别高大，这是因为他心目中希望自己成为这样伟大的人物，但是当他在身边的人中间做同样的表述就会显得十分渺小，因为大家都知道他是什么样的人。

现在只要一提到网络交友，似乎就跟一些不好的社会现象联系在一起。但这并不是唯一的、绝对的。

任何人类的发明，尤其是技术方面的发明，都会有两面性，就像原子弹一样，很好地利用它可以为人类造福，但是把它造成炸弹扔到某个地方，就会给人带来毁灭性的灾难。技术的两面性是历来存在的，关键是我们要运用得当。

我们中可能会有人对通过网络与人联系有一点儿抵触情绪，认为网络上的东西不可信，可能会上当、被欺骗。其实，对于网络我们应该尽可能地利用它积极的一面,而避免它消极的一面。有时候某"网友"在虚拟的空间中把话讲得很好听,我们可以相信他,但是这个相信是有限度的,必须从理性、从我们的知识逻辑去判断,这个相信是值得还是不值得。所以,它对人们的知识和理性思维提出了更高的要求,要求我们整个社会日益走向成熟,因为我们在对待和应用网络上还是缺乏足够的知识和准备的。

那么,最理想的网上交友状态应当是什么样的呢?

在网络这个虚拟的空间中,对于如何与人交往,没有一个绝对统一的标准。不同的年龄、不同的社会阶层、不同的人都会有自己的行为处世准则。但是有一点是共同的,即不要把网络想象成面对面的交流。即便是面对面的交流,我们也有被欺骗的时候,也有被伤害的时候,道理都是一样的。我们所需要的是通过善待他人和别人善待自己获得生活中应该有的养分,或者来发展我们自己的人格,或者来丰富我们的生活。这是网络交往中应该抱持的一个态度。

对于网络交友,我们必须持有一个健康的、积极向上的心态。我们不要把网络看成是我们可以做在现实生活中不能做的事情的通道,我们能在网上做的,在现实生活中同样能做,我们在现实生活中做的,在网络上同样也可以做。我们需要清楚的一点就是,网络把我们干事情的时间和空间作了无限的延展。

第五章
印象效应：
打造第一眼的完美印象

　　树立良好的形象对于我们办事、办成事起着至关重要的作用。亲切的笑容，友善的态度，优雅的举止，都能为你的第一印象加分，你要相信，当你一身优雅地站在对方面前，任何人都不会拒绝你。

优雅的举止，为第一印象加分

> 一个人的行为举止就好比是一面镜子。

对于萍水相逢的两个人来说，他们互不了解，但这并不妨碍他们对对方做出判断。一个人的外在形象作为第一信号闯入对方的眼底。聪明机智的人会在这一时间凭着心理定式为对方对号、打分。有的人费尽心机，却一辈子难以结交朋友；而有的人却总是得心应手，左右逢源，似乎红运自天降。其中的奥秘就在于第一印象。

我们每一个人的举止行为均与我们的教养、风度有关。在与人交往的过程中，尤其是那些初次见面的陌生人，优雅的举止可以透露出我们良好的礼仪修养。而优雅的举止最重要的是体现在坐姿、站相和走姿上。

1. 优雅的坐姿

一个人的精神状态如何，我们完全可以通过他的坐姿看出来。正确的坐姿给人端庄稳重的感觉。

当别人邀请我们坐下时，我们应当走到座位前，转身后再轻轻地坐下。这里需要注意的是，如果你是女士，身着裙装，在坐下前一定记得要先将裙摆捋一下，以免将裙子坐皱。

坐下时，我们应当只坐椅子的前2/3，而不是一屁股就坐在整张椅子上。坐下时，我们的上身应保持挺直而稍向前倾的姿态，头平正，两手交叉放在自己的腿上，男性可双膝自然分开与肩同宽，女性则最好双膝并拢。

坐姿可以反映一个人的修养和精神状态。注意，即便是十分舒服的沙发或靠椅，我们也不应该将后背靠在椅背上，这样一则会显得我们过于放松、没有礼貌；另一方面，背靠沙发会给对方留下傲慢与不羁的印象，不利于我们与对方的进一步交流。

交谈时我们应该将身体稍微前倾，特别是在倾听别人说话时，这样的动作会让对方觉得我们正在真诚且认真地倾听，而且也显示出我们是一个易于接近的人。

在和别人交谈的时候，我们要身体稍微倾斜而坐，双膝自然靠拢，双腿正放或者侧放。注意，通常情况下不要跷二郎腿，这是很不礼貌的表现；也不要抖动，这会让人感觉你比较紧张或者心烦意乱。

在不少社交场合，标准的坐姿是一种内心修养的反映。随意的、没有分寸的坐姿，一般都是两个非常要好的人的私密行为，在社交场合应尽量避免。

2. 端庄的站相

人们在形容一个人的精神状态不错的时候，经常用"坐如钟，站如松"来表达。很显然，对站相的要求，最基本的是在站着时要像松树那样挺拔。

站立时，最基本的要求是抬头、挺胸、收腹。竖看时要有直立感，即以鼻子为中线，整个身体大体呈直线状态；横看时要有开阔感，即肢体及身段给人以舒适自如的感觉；侧看时要有垂直感，即从耳与颈相接处至脚的踝骨前侧应大体呈直线，给人一种挺拔、正直、高大的美感。

男子站立时身体重心要放在两脚中间，不要偏左，也不要偏右；双脚与肩同宽；双手自然下垂，在体前或体后交叉，给人一种风度翩翩、挺拔向上、舒展俊美、精力充沛的感觉；女子站立时，身体重心应放在两足中间脚弓前端位置；双手自然下垂或在腹前交叉，要给人一种优雅秀美、端庄大方的感觉。

我们必须注意的是，在正式场合，站立时千万不可有双臂交叉抱于胸前、双手背在身后、两手插入口袋、身体倚靠在桌椅或墙壁等动作，因为这些动作暗示着消极的语言信息。例如，双臂交叉抱于胸前可能表示权威和戒备，一个人在双手插入口袋时说的话更有可能是谎言。

3. 规矩的走姿

不管是在社交场合还是在日常生活中，走路都是我们最常见的肢体动作，它体现的是人类的一种动态美，也最能体现一个人的风度和活力。走路时，同样有和站姿一样的规范，那就是抬头、挺胸、收腹。走路时眼睛要看着前方，手臂自然摆动，摆幅不要过大，手臂与身体的夹角一般在 10°~15°之间，身体不要前后左右地晃动。

假若你觉得自己的走姿不够标准，你可以采用模特那种初步训练的方法，在自己的头顶放一本书，然后挺直后背，双臂小幅摆动，步幅均匀地往前走。等你训练到顶着一本书能身姿正确地在屋里来去自如的时候，你的走姿就算是过关了。

外在的举止是我们给他人的第一印象。举止是否优雅，正是通过基本的站、坐、走反映出来的。优雅是教养的外在体现，更是我们应有的气质。一个在举止上粗鲁的人，难以给人一个好的印象。

社交中不可轻视的仪表美

仪表对于获得社交和事业上的成功都有着不可或缺的作用。

所谓仪表就是我们通常所说的人的外貌，它在人际交往中会引起交往对象的特别关注，并影响到对方对自己的第一印象和整体性的评价。所以，社交礼仪对个人仪容有一个最基本、最重要的要求——仪表美。

一个相貌妆容不佳的人在马路上很难拦到顺风车。人们第一次与某人或者某物接触时留下的印象，心理学上称为"首因效应"。心理学研究表明，外界信息进入大脑的顺序决定着认知效果，而先进入大脑的信息作用最大，后进入大脑的信息作用相对次要。而在初次见到一个人时，最先进入我们大脑的信息会是什么呢？正是对方的外貌信息。

心理学家曾做过这样一个试验，他分别让一位打扮入时、妆容得体的漂亮女郎；一位手持文件夹、戴着金丝眼镜的青年学者；一位留着怪异头发、穿着邋遢的男青年；一位挎着菜篮子、脸色憔悴的中年妇女。结果发现，4个人当中，搭车的成功率从高到低依次是：漂亮女郎、青年学者、中年妇女、邋遢男青年。驾车者往往喜欢载那些"整洁顺眼"的人一程。那位不爱卫生、头发怪异的男青年尝试了几十次，仅仅成功了一次。

由此我们可以看出，在社会交往中，一个人的相貌妆容与他的社交效果有着十分密切的关系。研究者发现，一半以上的第一印象是由我们的外表造成的。外表是否干净整洁、赏心悦目，是让身边的人决定我们是否可信的前提条件，同样也是别人向其他人评价和描述我们的首要凭借资料。

人们常说一个人的 IQ（智商）和 EQ（情商）决定了他的职业发展前景，可是在现如今这个竞争异常激烈的社会环境中，除了智商和情商的竞争外，我们的 BQ（美商）也逐渐成为职位升迁和人际关系扩展必不可少的一项品质。

社会心理学家的大量研究表明，男人高大英俊、女子苗条漂亮，有助于其在职业生涯中的升迁。我们当然不是说外貌就决定升迁的命运，但是，事实证明，在同等条件下，BQ（美商）分数越高，就越容易更顺利地与人打交道，也就更容易获得升迁的机会。

为多家企业及个人担任形象顾问的王女士说："很多努力工作的人，在职业攀升时总遇到障碍，这是因为他们往往输在了忽视形象的包装上，其实企业比个人更爱面子，企业喜欢培养和提拔的常常是那些能上得了台面的人。"

了解了仪表美的重要性，我们也多少理解了那些为了找一份好工作而努力减肥甚至整容的人的苦衷。要想在社交中一路顺风顺水，光靠先天优势还不够，还要通过自己的后天努力去修饰自己的仪表仪容，让自己整个人看起来整洁清爽。

我们都应该做哪些后天的努力呢？

1. 从"头"开始

按照人们的一般习惯，我们在打量一个人的时候，往往是从头部开始打量的，所以，一个人对其头发的修饰就必须特别注意。

对于头发的修饰，必须做到：保持干净、长短适中、发型得体。保持干净，就是说要勤梳洗头发。洗发一般保持在 3 天左右洗一次比较合适，容易出油的头发应当缩短间隔。男士最好半个月理一次发，女士可以视头发的长短情况而定。特别注意的是，在有重要应酬时，必须事先对头发进行一番打理。

长短适中，就是说虽然头发的长短可以视个人喜好而定，但是也要符合大众审美的标准，不可太过另类。如商务交往中，男性头发不可过短，理成光头有时会引来异样的注视；男士头发也不宜过长，否则会给人一种男不男女不女的感觉；一头飘逸的长发会让少女更加曼妙多姿，但若是出现在一个老太太的身上却会让人大跌眼镜。

发型得体，就是说在理发和修饰头发的时候，一定要注意发型和个人出席场合的契合。像发质、脸形、高矮、胖瘦、年龄等都会影响到发型的选择。在工作场合，发型一般应传统、庄重一些；在社交场合，发型应能够体现你的个性。而比较新潮怪异的发型，除非你参加艺术活动，否则不要将其展示在众人面前。

2. 做好"面子"工程

面容是仪表修饰最重要和最需要呵护的部分。很显然，保持面部清洁不出油，是首先要做到的。其次针对脸部的不同部位，我们除了要从杂志、网络上学会对它们的保养和修饰外，还要遵循以下最基本也是最重要的规则。

(1) 眼睛：应保持充足的睡眠，以明亮的双眸示人。

(2) 眉毛：女士应当定期修眉并对其进行必要的修饰。

(3) 眼镜：要遵循"美观、舒适、安全"的佩戴原则。

(4) 耳朵：洗脸时不要忘记清洗耳朵，及时清除耳孔内的分泌物，但千万不可当众掏耳朵。

(5) 鼻子：保持鼻腔清洁卫生，不要随便吸鼻子、擤鼻涕，最好定期修剪鼻毛。

(6) 嘴巴：要保持牙齿洁白、口腔无异味，最好养成饭后刷牙漱口的好习惯。男士应当及时剃须,留须者应当注意胡须的整洁。

3. 妆容技巧

化妆是后天修饰改善仪容的最佳方法,职场人士,特别是职场女士,要掌握一定的化妆原则和化妆技巧。如果想要提高自己的化妆技巧,女士们应当在平时多看一些时尚类杂志,并勤于实践,逐步掌握化妆的诀窍。

化妆的一般要求是:自然、美化、合礼、协调。

自然是化妆的最高境界,以期达到那种"妆成有却无"的效果,即没有明显人工美化的痕迹,妆容显得真实自然,当然这是需要多次实践才能够达到的境界,并不是一蹴而就的。

美化是化妆的一个重要目的,因为化妆是为了掩盖缺点。因此应当通过适度矫正和修饰以达到美化的目的,不要寻求新奇,那样反而弄巧成拙。

虽说化妆是展示个性的一种手段,但是一些约定俗成的规则也不能不知晓,比如工作妆宜淡、社交妆稍浓、香水不宜过浓、口红和指甲油最好为一色等。这也就是说化妆一定要"合礼"。

协调是化妆的最好效果。化妆后的整体效果应是十分和谐的,而整个脸部应当只有一个重点,比如稍微突出眼部或是唇部。此外,妆容也应当和当日的服饰保持协调一致。

相貌堂堂、仪态优雅、整洁清爽的外表,散发着一种亲和力和美感,更容易让人接近。有时,正是眼睛或指甲等的微小细节让自己的形象大打折扣。注重外表,保持一个健康美丽的形象,会得到他人更多的关注。

决定成败的首因效应

> 第一印象在我们的交往中起着十分微妙的作用，我们要牢牢地把握它。

先来看这样一个故事：

某知名院校新闻专业的一名毕业生正急于找工作。一天，他到某报社对总编说："你们需要一个编辑吗？""不需要！""那么记者呢？""也不需要！"他毫不气馁，继续说："那么工人、校对呢？""没有，我们现在什么空缺都没有了！"谈话进行到这里，几乎所有面试的人都会失望地回去，可是他却不这样想。"那么，你们一定需要这个东西。"说着，他从公文包里取出一块精致的小牌子，上面写着："额满，暂不雇用。"总编看了看这块小牌子，微笑着点了点头，说："如果你愿意，可以到我们的广告部来工作。"

故事中的这个大学生通过自己制作的牌子表现了自己的机智和乐观，给总编留下了一个良好的第一印象，引起其极大的兴趣，最终为自己赢得了一份满意的工作。

第一印象的这种微妙作用，在心理学上被称为"首因效应"，也叫"首次效应"、"优先效应"，它是指当人们第一次与某物或某人接触时会留下的深刻印象。第一印象作用最强，持续的时间也最长，比以后得到的信息对于事物的整个印象所产生的作用要更强。

第一印象效应是一个众所周知的道理，为官者往往总是很注意烧好上任之初的"三把火"，平民百姓也深知"下马威"的妙用。而我们每个人都力图给别人留下良好的"第一印象"，为自己的脱颖而出寻找突破口。

心理学研究发现，与人初次见面，45 秒内就能产生第一印象。这一个最先的印象对他人的社会知觉会产生比较强烈的影响，并且会在对方的头脑中占据着主导性地位。心理学方面的专家曾指出："保持和复现，在很大程度上取决于有关的心理活动第一次出现时注意力和兴趣的强度。"并且这种先入为主的第一印象是人的普遍主观性倾向，会直接影响到以后的一系列行为。

心理学家曾做过这样的实验：他让两个学生都做对 30 道题中的一半，但是让学生 A 做对的题目尽量出现在前 15 道题，而让学生 B 做对的题目尽量出现在后 15 道题，然后让一些人对这两个学生进行评价：谁更聪明一些？结果发现，多数人都认为学生 A 比学生 B 更聪明。

这是因为，首因效应在本质上是一种优先效应，当不同的信息综合在一起的时候，人们总是倾向于重视前面的信息。即便是人们同样重视了后面的信息，也会觉得后面的信息是非本质的、偶然的，人们习惯于按照前面的信息去解释后面的信息，即使后面的信息与前面的信息不一致，也会屈从于前面的信息，以形成整体一致的印象。所以，大多数人都会认为 A 更聪明、出众。所以，能否让自己脱颖而出，与我们在与人交际时给人所留下的第一印象密切相关。在当今这个竞争激烈的社会中，更是如此。在生活节奏如此之快的现代社会，很少有人会愿意花更多的时间去了解、关注一个留给他不美好第一印象的人。因为，一般而言，人们都愿意同那些衣着干净整齐、端庄大方的人接触和交往。所以，那些用语幽默、侃侃而谈、不卑不亢、举止优雅的人，定能够给人留下美好的第一印象。因此，如果我们不能给人留下良好的第一印象，就很有可能失去了脱颖而出的机会，在应聘面试中尤其如此。

心理学家认为，由于第一印象主要是性别、年龄、衣着、姿势、面部表情等"外部特征"。通常情况下，优雅的姿态、得体的谈吐、合宜的衣着打扮等都在一定程度上反映出这个人的内在素养和其他的个性特征，无论庸俗之人怎样去刻意地修饰自己，举手投足之间都不可能有学识渊博之人的风度与优雅，总会在不经意中"露出马脚"，因为文化的濡染是怎么装都装不出来的。

人们都希望获得他人的好感，这是人类的一种本能需要。获得他人的认同与肯定，从而得到内心的一种平衡，产生成功的愉悦感。但是，只有一个人的内在修养真正具备了让人获得好感的基础，才能让它为你赢得一个好人缘。

所以，不要一味地以为你就是人才、是千里马，却总是英雄无用武之地；不要责怪对方没有慧眼、不是伯乐，这其中是不是也有你自己的原因呢？你在举手投足、言谈举止间有没有给对方留下良好的第一印象呢？要想获得成功，我们就不能忽视第一印象的重要作用，我们必须通过提高自身修养去修饰自己的外在形象，抢占职场先机。

王小姐就是一位极为注意自己给人的第一印象的人。她很看重自己的衣着，什么场合穿什么衣服她都有一定的讲究。出席朋友举办的宴会时，她爱穿庄重的长裙；与男友约会的时候，她喜欢穿青春活泼的短裙配外套；出外旅游或上街购物，她一般会穿干净整洁、精干利索的牛仔服；晴天她选择穿粉红色的毛衣，阴天则选择穿浅绿色的女式西服……她每天都把自己打扮得优雅漂亮，无论是上班还是走在大街上，她都是人们心目中一道靓丽的风景。她漂亮但不妖艳，引人注目但不张扬，无论男女同事都喜欢和她交往。

这样的人在人群中怎么能不出众呢？有时候，第一印象甚至可以决定一个人的前途，甚至是命运。当然，这在社交活动中只是一种暂时的行为，更深层次的交往还需要个人的硬件完备。这就需要加强我们在谈吐、举止、修养、礼仪等各方面的素质。如果我们内外兼修，而且都能够做得很到位，在与人交往的过程中，我们想不成功都很难。

带动全世界和你一起微笑

在顺境中，微笑是对成功者的嘉奖。在逆境中，微笑是对失意者的抚慰。

我们先来看下面这则故事：

一个小镇上有个富翁，他非常有钱，但他十分不快乐。有一天，当他垂头丧气地走在街上时，迎面走来一个小女孩，小女孩用她天真无邪的眼神看着富翁，并给了他一个甜美真诚的微笑。这个微笑点燃了富翁心中的希望，第二天他就离开了小镇，去寻找自己的梦想和快乐。

也许很多人无法理解，一个微笑竟有这么大的魔力，让富翁重获希望。微笑可以展示幸福、快乐与希望，是向别人表达善意最好的方式，它更是我们拉近与他人心理距离的非言语性的但极其重要的工具。在日常生活和工作中，要想使自己更具魅力、更具亲和力，我们就必须用好微笑这个制胜的法宝。

微笑的作用是不可低估的，但是如何微笑却是有讲究的。凡是成功人士都知道微笑是他们的重要武器，他们善于运用自己的笑容，使之发挥最大的效力。时机、程度和方式如果拿捏得好可以让微笑有更强的力量。笑容在合适的时机展现，会有更强劲的影响力，使你能够带动全世界和你一起微笑。

小玲是个十分漂亮的姑娘，大学毕业后在一家外企做销售代表，没两年就因业绩斐然成为部门的销售经理。新参加工作的小师妹小雅却因业务开展困难来找师姐取经。小玲说："我下午和3个客户见面，你跟我一起去吧，看一下我是怎么搞定他们的。"

当天下午，小玲顺利地和3个客户签订了3份合同。坐在回程的出租车上，小玲问小师妹："你总结出和人打交道的什么经验没有？"

小雅想了想说："师姐，你的笑声跟银铃似的，我觉得你的笑非常有魅力，我记得你在学校的时候就特别爱笑。"

"我现在也笑啊，我觉得还笑得更多了呢。"小玲说。

"不过感觉不大一样，可是我却说不出哪里不一样。"小雅说，"你还是跟过去一样活泼开朗，可是人好像变得更成熟、严谨了。你跟那些客户说话的时候特别热情，我看他们都挺喜欢你的，你几乎都把他们给迷住了。"

"你说对了一点，不过还是没说到点子上。你注意到我的笑法和从前有什么不一样了吗？"小玲说。

"我还真没看出你的笑法和过去有什么不一样呢。"小雅自己先笑了。

"我的笑容和过去有一个很大的不同。"小玲说，"我毕业那年，离校第二天就去公司报到了，回家后我爸找我谈话。我爸跟我说，小玲啊，你明天就去上班了，正式走上社会了。你有一个开朗、活泼的性格，很容易和人相处，这很好，这说明我和你妈、学校对你的教育基本是成功的，当然你能有今天，主要还是靠你自己的努力。不过你有一个毛病，我今天必须提醒你，那就是你笑得太快了。"

"笑得太快了？伯父是什么意思啊？"小雅不解地问。

"我当时也是一头雾水。我爸就找出一张报纸给我看，原来是一个学者写的文章，文章研究了很多成功女性的例子，其中有英国前首相撒切尔、以色列前总理梅耶、美国前国务卿奥尔布莱特和赖斯等，最后总结说，那些笑得比较慢的职业女性更容易给人以可靠稳妥的印象。仔细想想吧，还真是那么一回事儿。我从此记住了我父亲的建议，在工作生活中不断地反省实践，感觉还真是那么回事。"

稍微停了一下，她又说："真诚微笑是社交中的制胜法宝，初入社会的年轻人常常喜欢用笑来表达自己的善意，但是过犹不及，容易给人留下轻浮与不稳妥的印象。其实要是能稍微注意一点分寸，别笑得那么快，往往更能给人留下踏实可靠的印象。"

小玲说得太对了。正是她那比常人慢半拍的微笑，帮她在客户心中树立起了内心丰富、深沉严谨的形象，从而赢得了更多客户的青睐。虽然只不过慢了几秒钟，却使客户觉得她的笑容是那样的诚恳、特别。

要是你对此还存有怀疑的话，你也可以亲自上街去观察一番。善于笑的人看得多了，你迟早会发现，那些容易被当成诚实和正直的人多半都笑得很慢。

可一旦他们启齿笑了，就会像流动缓慢但淹没一切的泥石流一样魅力无边、势不可当。

当我们和人交往时，不要笑得像闪电一样快，虽说人们看到你的笑容一定会感到很高兴。当想对一个人微笑时，我们要先盯住对方的脸看 1 秒钟，稍微停顿一下，揣摩一下对方的为人，然后再展现出热情的微笑。这样可以让对方相信你的笑是真诚的，而且是专门笑给他们的。

眼神的信号

> 很多时候，感觉往往都是从眼神开始传递的。

英国剑桥大学的西蒙·伯龙·科恩博士曾做过这样的实验，他将几张人物照片拿给不同的实验对象看，但是每张照片都只能看到眼部，眼睛以下的所有部位都被遮住了。

然后，博士要求实验对象根据他们所看到的照片，给照片上的主人公匹配合适的心理状态，像"友好"、"放松"、"不怀好意"、"忧虑"等；另外，实验对象还要判断照片上的主人公的心理活动，比如"渴望你的喜爱"或是"渴望其他人的关爱"等。

如果我们单纯从统计学上来说，纯粹依靠猜测完成的试题，正确率应该是在50%左右。但是这个实验所提供的25道题目里，男士平均答对了19道，女士平均答对22道。这个结果表明，无论是男人还是女人，对于眼睛所传递的信号，都有着极强的解读能力。

因此，在与人初次见面的时候，一定不可眼神呆滞，你通过眼神的交流，把正面的信息传递给对方。那么，怎样注视才是积极有效果的呢？

1. 微笑与眼神

通常情况下，微笑着注视对方的人更能给人留下良好的印象。英国研究人员发现，人们一般会认为那些微笑着注视自己的人更具有人格魅力。正确的方式是微笑着注视对方的眼睛，保持六七秒，然后微笑着移开眼神。时间既不要太长，也不要草草了事。

心理学家要求实验对象评价呈现在电脑屏幕上的两张人脸图片哪个更有魅力。为了消除人脸的物理特征对个人偏好的影响，每次呈现的两张图片都是同一个人的照片，只是面部表情或者眼睛的注视方向不同而已。实验结果发现，实验对象认为那些微笑着的脸更具魅力，并且那些注视着实验对象，尤其是异性实验对象的脸比注视着其他方向的脸有着更高的"魅力指数"。这说明人们很注重她（他）的眼睛注视的方向，伴随着微笑而注视对方，是融洽的会意；伴随着皱眉而注视他人，则是担忧和不安的表现。

2. 不刻意躲避对方视线

注视中，这种"看与被看"的关系往往很微妙。一般来说，在双方对视时，相对弱小的一方会先将目光垂下，而让比自己强的对方去观察自己，发现自己的弱点，这样一来，逃避目光者也就陷入了一种被动的地位。他们之所以会因被看而感到不自在，也就是因为他们对自己的劣势感到恐惧与不安。

同样，在双方初次见面时，如果因为胆怯而低下头，那就等于将支配权让给了对方。这可能会让对方轻易地取得主导权，也可能让对方无所适从，不知道你的心里到底在想什么。

初次与人见面，要建立彼此对等的关系，就绝对不能回避对方的目光。但是，交谈时也不能一直盯着对方的眼睛看，那会让人很有压力。

某公司在迁移到一座新建的硬件设施都很好的大厦办公后，员工的工作效率反而降低了许多，经营者百思不得其解。后来管理者经过调查发现，原来问题出在那些为了多方采光而设计的宽广玻璃窗上，由于外面的情形被一览无余，里面的工作人员觉得外边的人一直在监视着自己，内心的不安全感导致了工作效率的低下。结果，这家公司只好用百叶窗遮住外面纷扰的情形，以维持员工的工作效率。

上述这个例子就告诉我们，没有人喜欢一直处在别人的注视之下，那会让对方感觉很不自在、很有压力。

3. 注意眼神的角度

在与人面对面交流的情况下，学会在什么时候应该注视对方面部或身体的某个部位，将会对最终的交流结果产生十分重要的影响。

在与他人的交往中，目光所投向的区域，应是对方两只眼睛和鼻尖构成的三角形位置。这样的目光既不会给对方造成压迫等不适感，又能够体现对对方的尊重。有很多人不知道在社交场合下该将自己的目光投向哪里，是看着对方的眼睛，还是该看着对方的整个脸部？大多数人认为紧紧盯着对方的眼睛是对的，但是有时候你会发现在社交场合中，盯着对方的眼睛说话并不是十分合适的，特别是当对方是容易害羞的异性的时候，在你紧盯着对方的眼睛说话时，对方会目光闪躲甚至还会语无伦次。

我们的眼神关注对方的时间以及脸部的不同部位，有着不同的含义。具体如下。

当一个人的目光经常游离地注视对方，注视的时间不到全部相处时间的三分之一时，通常会有轻视他人的意思；当一个人不断地把目光投向对方，并将注视的目光保持在相处时间的三分之二左右时，就代表着重视；如果一个人的目光始终盯在对方身上，只是有时偶尔离开一下，注视时间占全部相处时间三分之二以上，就有敌意，但也能反映出对对方感兴趣。一般情况，如果要向他人表示友好，应不时地注视对方。

在我们注视对方时，如果注视额头就意味着自己是严肃、认真的；如果注视对方的唇部或胸部，则多用于关系密切的男女之间，表示亲密、友善；如果注视双眼，则表示自己重视对方；如果注视对方的眼部或唇部，则有友好、亲切的意思。

眼神也是沟通的桥梁。要想给人一种好的印象，就要在眼神上下功夫，让对方感受到自己的诚意，展示自身的形象。

如何让对方牢牢记住你

请递上你的名片。

在今天这个沟通变得愈来愈重要的社会中，名片可谓是与陌生人结交并保持联系的重要途径。当我们与一个陌生人微笑着打招呼、点头致意、热情地握手后，递上自己的名片就是水到渠成的事了。名片就像一个人的履历表，递送名片的同时，也是在告诉对方自己是谁、住在何处及怎样联络。名片是每个人展示给他人的最重要的书面介绍材料。

我们先来看一则故事：

王晓明大学刚刚毕业，在一个小贸易公司做市场推广工作。有一次，他去参加一个宣传会，那个宣传会的场面很大，有很多人，但是大多数彼此都不认识。

王晓明刚坐下的时候，就有一个人过来了。他微笑着点了一下头，然后掏出了自己的名片递给了王晓明，说是想认识一下并交换名片。

王晓明不认识他，自然谈不上和他打招呼了，只是礼节性地把自己的名片与他交换。之后，王晓明发现，那个人几乎与每个人都交换了名片，而且很礼貌地表示："多联系。"

转了一圈之后，那个人又来到了王晓明面前，笑了笑说："您是不是觉得我的做法不太妥当？其实我是个新加坡人，来中国的时间不长，需要了解更多的人，也需要更多的人了解我。作为一个商务人士，我必须随时随地地推销自

120

己，而这样的场合，恰恰是最好的机会，因为这里的商务人士比较多，我想我这么做，肯定能让大家记得我。"

宣传会结束后，王晓明也认识了几个人，说起那个新加坡人的时候，大家都说能记住这个人，而且对他印象还特别好。这时另一个人说了一句话："是他的名片在合适的地方、合适的时间发挥了最好的作用，其实他已经成功地把自己推销了出去。"

从上述这则故事中，我们可以学到很多有用的东西。名片在与陌生人的沟通中起着很大的作用，掌握交换名片的礼仪也是十分重要的。精美的名片让人印象深刻，但想让对方牢牢地记住我们，发送名片的时机与场合不能不说是一门学问。

若想适时地向人发送自己的名片，使对方接受并收到最好的效果，必须注意如下几点：

1. 名片的制作

为社交而印制的名片，对自己的职务不应吹嘘夸大、乱挂不真实的头衔。名片的底色最好是白色，或者以淡雅一点的颜色为主，应避免鲜艳的颜色，如红色、黑色或彩色等深颜色，这些颜色会让人的视觉感到疲劳。最好在自己的名片上印个图标来予以装饰，否则是难登大雅之堂的。为了突出名片上的某些内容，可以适当地配色，以起到画龙点睛的作用；名片上最好不要印产品的图片，这样做会给人以压抑的感觉，像街头散发的小广告。对于经常与外国人打交道的人士，最好印一个中文名片供国内客户交换使用，然后再印一个英文名片供与外国人交换时使用，一面英文一面中文并不是很妥当。

2. 名片的摆放

名片最好统一置于名片夹、公文包或上衣口袋之内。在办公室时还可放于名片夹或办公桌内，千万不可随便放在钱包、裤袋之内。摆放名片的位置要固定。名片夹由于要长期使用，所以要尽可能买个质地好的。

3. 交换名片

发送名片一般应选择初次见面之际或分别之时。不可在用餐、跳舞的时候发送名片。奉上名片时态度一定要谦恭，要起身站立主动走向对方，面带微笑，上体前倾15度左右，双手拿着名片，举至胸前，并将名片的正面展示给对方，同时说声"这是我的名片，以后多联系（或请多关照）"等礼节性用语，千万不可用左手拿名片。

接受他人名片时，不管自己有多忙，包括端茶倒水都要暂时放下手中的事情，并起身相迎，回以微笑，双手接过名片。至少也要用右手，而不能用左手接对方的名片。接过名片后，先向对方表达谢意，然后至少要用30秒的时间将其从头至尾地默读一遍，遇有显示对方荣耀的职务、头衔时，可以轻读出声，以示尊重和敬佩。如果对方的职务比较低微，最好默读。

接过别人递过来的名片后千万不可随意摆弄或扔在桌子上，也不要随便塞进口袋里或丢在随身携带的包里，而应将其小心谨慎地置于名片夹、公文包、办公桌或上衣口袋里。另外，还要把别人的名片与本人名片分开放置。

4. 索要名片

对于那些与我们初次见面的陌生人，如果我们想要与其结识，我们不妨向对方索要名片。有两种方法可以帮助你获取对方的名片。第一种是互换法。可在递上名片时表明己意："可以与您交换一下名片吗？"第二种是暗示法。比如，向尊长索要名片时可以说："请问我今后如何向您请教呢？"向平辈或晚辈表达此意时可说："请问今后怎样与您取得联系呢？"

递送名片已经成为交往的基本礼仪。适时恰当地递送，既能展示个人的诚意，也能达成自己的愿望，并给对方留下深刻的印象。有时，可以在名片上花些心思，这样就能让对方牢牢记住你。

坦诚展现你的优缺点

> 每个人都希望在人际交往中能够被坦诚相待。

我们要赢得他人的好感，首先要内心真诚、待人诚恳、做人正派，展现真实的自我，这是被人接受和了解的开端。如果我们满嘴的谎言，别人就不会信赖我们，会觉得我们不可靠，时间长了就会疏远我们，甚至是厌烦我们。

我们来看下面一则故事：

一天上午，小朱赶到某公司参加最后一轮面试，面试官正是该公司的李总。到面试时间快要结束的时候，小朱才满头大汗地赶到了考场。李总瞟了一眼坐在自己面前的小朱，只见大滴的汗珠子从他的额头上冒出来，满脸通红，上身穿一件红格子衬衣，加上一头乱糟糟的头发，给人一种很邋遢的感觉。李总仔细地打量了他一阵，疑惑地问道："你是研究生毕业？"李总似乎对他的学历表示怀疑。小朱很尴尬地点头回答："是的。"接着，心存疑虑的李总向他提出了几个专业性很强的问题，小朱慢慢地平静了下来，回答得头头是道。最终，李总考虑再三，决定录用小朱。

第二天，当小朱第一次来上班时，李总把他叫到自己的办公室，对他说："本来在我第一眼看到你的时候，我就不想录用你，你知道为什么吗？"小朱摇摇头。李总接着说："当时你的那个样子实在让人觉得不舒服，满头冒汗、头发凌乱、衣着不整，特别是你那件红格子衬衫，更是显得不伦不类的，根本不像个研究生，倒像个自由散漫的小青年。你给我的第一印象太坏。要不是你后来在回答问题时很出色，你一定会被淘汰的。"

小朱听罢，这才红着脸说明原因："昨天来的路上，在大街上看见有人遭遇车祸，我就主动协助司机把伤员抬上的士，并且和另外一个路人把伤员送去医院。从医院里出来，我才发现自己的衣服沾了血迹，于是，我就回家去换衣服。不巧其他的衣服还没干，我就把我弟的一件衬衫拿来穿了。又因为耽误了时间，我就拼命地赶路，所以，时间虽然赶上了，却是那副狼狈相……"

李总这才点点头说："难得你有助人为乐的好品德。"不到半年，他就被升为业务主管，深得李总的青睐。

如果我们用首因效应的理论来分析，小朱根本不具备脱颖而出的外在条件，因为他给人的第一印象很不好。但正是他诚实的品格和深厚的功底，才让他获得了成功。无论是面试还是与人交往，除了要注意外貌和言谈等可以获得良好第一印象的因素之外，也要学会坦诚地展示自己，既展现出优点又流露出缺点。一个人可以坦诚地展示自我，就会给人一种坦诚的感觉，也能让你最终胜出。可见，学会坦诚，能真诚地关心别人、帮助别人，就一定会赢得丰厚的回报。

坦诚在交往中有着十分重要的意义。因为交往最基本的心理保证就是安全感，没有安全感的交往是很难向深度发展的。用坦诚的态度与人交往，信守承诺，才能让对方有安全感，让人觉得你是可以信赖的，你才会有获得成功的机会。

总之，要想让他人对我们产生好感，首先我们自己要有好的"影响源"，除了外在的形象，还需要加强修炼我们内在的品质。他人对我们的好感一般来自于我们的良好形象和优雅的言谈举止。只有做到谦虚而不自卑、自信而不固执、倔强而不狂妄，我们才能给他人留下良好的印象。

许多人喜欢模仿那些成功者的言行，以汲取别人的经验来弥补自己的不足。但是把别人的言行和经验全部模仿过来，恐怕是无法行得通的，还有可能由此而坏了自己的名声。

每一个谈话者都想得到对方的喜欢。但得到对方的喜欢，不能试图去模仿别人，也不要试图去表现不属于你风格的东西。学习别人是件好事，但不要刻意模仿别人的风格或说话的口吻。在谈话的时候，表现出自己自然的风格才是最好的，要努力发展自己的个性，而不是去发展别人的。

"金无足赤，人无完人"。有缺点并不可怕，可怕的是极力地掩盖和否认。有了缺点和优点，一个人才是完整的人。一个人做到了真诚、坦诚，才能展现自身的优缺点，给人坦诚的印象，赢得更多的好感。

个性风采，人际交往中的魅力

追逐个性和魅力的年代，你需要闪光。

心理学家指出，我们每一个人对于初次见面的陌生人的印象只会保持很短的时间。按照莱斯托夫效应的观点，如果想要别人长时间记住自己，就必须巧妙地突出自己的个性和特色，让自己最突出的个性成为对方记忆的焦点。

什么是莱斯托夫效应呢？我们有没有过这样的经历：学习世界地理要记住

各国的形状、位置等特征很难，但我们往往对那些具有显著特征的国家的印象却十分深刻？比如，意大利的形状像一只高筒皮靴和足球、法国近似六边形等。生活中这样的例子不胜枚举，其中的规律就是特殊事物更容易被人牢记。这就是心理学上著名的莱斯托夫效应。

为什么会有莱斯托夫效应呢？这其实和人们记忆的特点有关，人们对许多事物的记忆都属于无意识记忆。无意识记忆不带有自觉识记目的，不需任何识记方法，也不需为识记做出意志性的努力。无意识记忆具有明显的偶然性。人们对感知过的事物、体验过的情感、操作过的程序、阅读过的资料，当时并没有识记的意图，也没有考虑用什么方法去识记，但事后却能在脑海里再现。

无意识记忆具有选择性，并不是所有接触过的事物都能被记住，只有那些在生活中具有重大意义的事件、让人产生浓厚兴趣并能激发人的情感的事物，才容易被记住。人的日常生活经验和零碎的知识，往往就是通过无意识记忆获得的。

在信息爆炸的年代，人们获取信息的渠道很多，当大量的信息像洪水般袭来，人们往往被繁杂的信息大潮弄得晕头转向，没有特色和价值的信息根本进入不了人们的视野和头脑。正是因为这样，一些聪明的人意识到莱斯托夫效应在人际关系中的重要性，为了加强别人对自己的印象，不是在服装上力求创新，就是在言行上刻意表现。遗憾的是，我们大多数人对莱斯托夫效应并没有认识到，或者知道有这么回事，却根本不知道怎样将它运用到人际交往中。

大凡成功人士都有其突出的个人魅力，这种魅力也即是他（她）的个性，而他（她）的个性又表现在他（她）做人的态度、做事的风格上。他（她）的言谈举止无不体现着他（她）的个人魅力，表现着他（她）的个人风格。

既然个性那么重要，那么我们要怎样才能够突出自己的个性呢？在与人交往中，我们应注意如下几点：

1. 用语言突出幽默

幽默是一种润滑剂，可以化解尴尬，也是一种催化剂，让对方迅速地认识自己。如果你本身就很幽默，那就保持最自然的姿态，在谈话中巧妙地使用一些小幽默，这样，与你接触不到几分钟，别人就会牢牢记住你。毕竟，快乐的语言足够动人，让人印象深刻。

2. 用眼神突出自信

眼神是最能看出一个人是否自信的地方。自信的眼神应该是注视对方，面带微笑，目光炯炯有神但不咄咄逼人。一旦让自信的眼神成为你的招牌，那你必定会在人群中脱颖而出。

3. 用语调突出从容

在很多人看来，从容的人让人感觉很舒服。表现从容的最好方式就是处理好自己的语调。抑扬顿挫的语调、主次分明的说话方式往往会给对方留下深刻的印象。

4. 适时展现才华

在与陌生人接触的过程中，如果有机会展示自己的才能，就一定不要错过。满腹才华的你一定会让对方在很长一段时间里记忆犹新。

以上四点讲的都是比较主流的、正式的突出自我个性的方法。相信肯定会有人问，如果我没有那些特色，或者不明显该怎么办？那就学会打造自己个性的闪光点吧。

闪光点可以制造吗？当然可以。可能你很难迅速改变你的性格，让自己马上变得热情、幽默、从容起来，但你可以改变你的外在，让自己即刻闪光起来。具体应做到以下几点：

1. 在服饰上突出个性

在人际交往中，人们总是先看到一个人的长相、身材、服饰等，这些最容易进入人们的视线。这些东西中最容易改变的是服饰，最讲究技巧的也是服饰。得体的衣着应和人本身的身材、年龄、性格相一致，同时也应和所出席的场合保持协调，在不出错的基础上再讲究搭配的技巧。平时要多浏览一些时尚杂志或网站，根据自己生活和工作的需要，有技巧地打扮自己，让自己变得与众不同。

2. 在妆容上显示个性

有些女明星扬言不化妆决不上镜，这恰恰说明了一个好的妆容对女人的重要性。化妆最能突出女性的优势，让女性更加自信、更具魅力。同时，经过化妆修饰的皮肤和五官更能给对方美的享受，给其留下良好而深刻的印象。化妆关键在于能正确找出自己最吸引人的部位，然后通过化妆将它变得更加迷人。

3. 保持优雅姿态

行为举止优雅得体，很容易让你在人群中脱颖而出。如果你有很好的修养，即便你不说话，只用行动就能给对方留下强烈的印象。因此，在和陌生人交往的时候一定要表现得不急不徐、落落大方、坐有坐姿、站有站相。

4. 让表情生动起来

表情是人际交往中不可或缺的东西之一，人的喜怒哀乐往往都是通过表情来传递的。在和陌生人交往的过程中，相互间最关注的还是彼此的表情变化。如果想要别人对自己记忆深刻，一定要让自己的表情生动起来，一定要多微笑，时不时流露出内心的真实感觉，这会让对方觉得你十分亲切，并很有特点，从而对你留下深刻的印象。

在这个追逐个性和魅力的年代，平庸者注定被埋没，想改变现状并不难，有时候只需要恰到好处地闪那么一次光。只要运用好上面的小技巧，我们每个人都可以成为人际交往中的焦点。

人际交往大忌：口无遮拦

"社交的秘诀，并不在于绝口不提事实，而是即使说到真实面，也不至于触怒对方。"

——荻原朔太郎

我们先来看一则故事：

清朝时期，有一个举人经过三科，又参加候选，终于谋得了一个山东某县县令的职位。第一次去拜见上级，他不知道自己都该说什么话，沉默了一会儿，他忽然问道："大人贵姓？"这位上级很是生气，心想这个人怎么连自己上级的姓名都不知道。于是勉强说了自己的姓氏。县令低头思索了很久，说："大人的姓，百家姓中没有。"上级更生气了，心想这个人怎么如此孤陋寡闻而又无礼。于是压着火气回答："我是旗人，贵县令不知道吗？"县令马上追问道："大人在哪一旗？"上级说："正红旗。"县令不假思索地脱口而出："正黄旗最好，大人怎么不在正黄旗呢？"上级勃然大怒，问："贵县令是哪一省的人？"县令说："广西。"上级说："广东最好，你为什么不在广东呢？"县令看到上级满脸怒气，很是吃惊，于是赶紧告辞出去。第二天，上级令他任学校教职。

上述故事中的那位县令不会与初次见面的人打交道，却还不知道自己的问题出在哪里，真是可悲可叹啊！

在与人交往的过程中，人们都喜欢与真诚的人做朋友，但是真诚并不等于想到什么就说什么。在说话之前必须要考虑一下所要说的话是否合适，要学会换位思考，哪些话题可能会引起对方的不快或尴尬、哪些话题可能是对方不愿触及的、哪些话题是在特定环境下绝对不能提及的、哪些话题可能会引起争议……总之，一定要三思之后再开口，不要让你的口无遮拦使对方产生厌烦情绪。试想一下这样的情形，当你和一个愁嫁的大龄剩女大谈婚姻的好处时，当你对一个低收入的男人吹嘘自己是如何的富有时，当你在一个为孩子的学习成绩而烦躁不安的母亲面前夸耀自己的孩子是全校第一时……那么你和这些人的友谊恐怕还没开始就要戛然而止了。

人际交往中，只有推心置腹地交往，才可能使双方消除戒备，以诚相待。但所谓的诚恳交往，也是需要把握一个度的。即使是无话不谈的老朋友之间，也需要保留一定的余地，更不要说是初次见面的陌生人了。

与人交往的过程中切忌打探别人的隐私。在交际活动中，有些人往往对什么都颇感好奇，总喜欢问个究竟，这在一些涉世未深的青年人身上表现得尤为突出。年轻人往往都直率而热情，根本不懂得适可而止的道理，但是如果在特定的场合、对特殊的对象说话时，无所顾忌、东拉西扯、问题不断，就很容易让人产生反感。特别是个人情感上的那些问题。当代社会男婚女嫁的观念正在悄然改变，很多人选择了独身，此外还有许许多多的单亲家庭，他们可能出于这样或那样的考虑而不愿提及自己的私事，如果你执意要打听，对方必定会认为你侵犯了其隐私权。这样的交往也将会以失败而告终。

与人交谈的过程中尽可能避开那些容易引起争论的话题。按理说，人与人之间产生争执是很正常的事，但是争论往往都会带来不愉快的结果。事实证明，不管谁赢都不好。赢者当时或许获得一种暂时的满足，但很快会被人际关系恶化的阴影所笼罩。输者的心理挫折感更为强烈，通常会演化为人身攻击，对于人际关系是十分不利的，争论的结果往往是两败俱伤。所以我们在与人打交道时要尽量谈些轻松愉快的话题，而避免涉及那些容易引起争论的话题，像政治、宗教信仰、人生观、情感问题等。

在与人打交道时，如果我们不注意自己的用语，有时候会给我们的人际关系造成负面的影响。我们要避免以下语言和话题。

第一，聊个人的健康状况。

你要明白，除了自己的亲朋好友外，没有人会对他人的健康检查或过敏症感兴趣。他人的健康状况，或者一些疾病等，每个人都不希望它们成为彼此谈话的焦点对象。

第二，有争议性的话题。

除非你很清楚对方的立场，否则应谨慎地避免谈到具有争论性的敏感话题。一些话题，如宗教、政治、党派等更要避免，否则会引起双方抬杠，导致僵持的局面。

第三，询问东西的价钱。

如果一个人总是围绕着东西的价钱，如这值多少钱，那值多少钱，就会让人觉得这个人俗气、爱财。

一般来说，把握好说话分寸要遵循三个前提：一是要弄清楚自己是谁，二是要弄清楚对方是谁，三是要弄清楚自己想干什么。这三个前提把握好了，你就能够掌握说话的分寸了。

把握说话的分寸，实际上就是把握交友的机遇，把握好说话的分寸，我们的人际圈之树才能更加茁壮、健康地成长。

第六章
直抵心灵：
掌握人际交往的法宝

谈论对方感兴趣的话题及事物，走进
对方的内心世界，你就会得到对方的认同
与肯定。

他的真实意图是什么

> 和人打交道，不仅要善听弦外之音，还要会巧妙地传达言外之意。

　　理解能力对于人际交往而言，是一个十分重要的前提条件。如果不具备一定的理解能力，不明白说话者的真实意图，那么，一切沟通将无法顺利进行。假如我们猜测不准确的话，还很容易产生不必要的误会。

　　一天，一个中年男人到一家零售店里去买剃须刀。

　　"先生，"店员很有礼貌地说，"您想要好一点的，还是要次一点的？"

　　"当然是要好的，"顾客有点不高兴地说，"不好的东西谁要？"

　　店员就把最好的一种剃须刀拿了出来。

　　"这是最好的吗？"

　　"是的，而且是牌子最老的一种。"

　　"多少钱？"

　　"680元。"

　　"什么？怎么这么贵？我听说，最好的才不过200多元。"

　　"200多元的我们也有，但那不是最好的。"

　　"可是，也不至于差这么多钱吧！"

　　"差得并不多，还有十几元一个的呢。"

那位顾客一听，顿时面露不悦之色，想掉头离去。这时店老板急忙赶了过来。

"先生，您想买剃须刀是吧？我来介绍一种好产品给您。"

"什么样的？"

老板拿出另外一种牌子来，说："就是这一种，您看看，样式还不错吧？"

"多少钱？"

"186 元。"

"照你店员刚才的说法，这不是最好的，我不要。"

"我这位店员刚才没有说清楚。有好几种牌子，每种牌子都有最好的货色，我刚拿出的这一个在同一个牌子中是最好的。"

"可是，为什么价钱上会与那种牌子差那么多呢？"

"这是因为制造成本的关系，你知道，每种品牌的设计不一样，所用材料也不同，所以在价格上就会有出入。我向您推荐的这个剃须刀是 R 牌的，它是目前市场上最受欢迎的也是性价比最高的，主要还是它的牌子老、信誉好，而且它还可以更换充电电池，在外旅行时用起来很方便。"

顾客很痛快地买下了这个剃须刀，愉快地离开了。

相信肯定会有人对上述故事中顾客买了老板拿出的剃须刀感到很奇怪。其实，这也不足为奇。店员错在没有摸清顾客的真正心理。他一进门就要最好的，这表明他有很强的优越感，可是一听价钱，他嫌太贵，这又牵涉到他的经济实力。顾客把错误推到店员头上，是因为他不愿意承认自己舍不得买。而老板就非常明白顾客的心理，在不损伤他优越感的情形下，让他买了一种较便宜的剃须刀。

这位老板之所以能够成功售出那把剃须刀，就在于他善于倾听，能从对方的谈话中巧妙地听出其弦外之音，最终实现了销售盈利。

有一则外国笑话是这样的：

在一家饭店，一位十分挑剔的叫玛丽的女人点了一份煎鸡蛋。

她对侍者说："蛋白要全熟，但蛋黄要全生，必须还能流动。不要用太多的油去煎，盐要少放，稍微加点胡椒。还有，一定要是一只乡下的母鸡生的新鲜蛋。"

"请问一下，"侍者温柔地说，"那只母鸡的名字叫珍珍，不知是否合您心意？"

"哦，随便它叫什么吧。"

在这则笑话中，侍者听出了那位挑剔的女士的意思，说那么多的要求无非是挑剔的心理在作祟。但是，侍者没有直接表达对她所提苛刻要求的不满，而是按照对方的思路，提出一个更为荒唐可笑的问题提醒对方：您的要求太过分了，我们满足不了。这样，顾客也就无话可说了。

在交谈与沟通中，一定要找到对方的兴趣点。如果对方有意吐露伤心的事，他是想让你给予一些同情和安慰。这时，我们就可以找一些自己的痛苦，去安慰对方。如果把自己的自满自得说给对方听，无形中就会刺激对方的自尊心。

为了能够准确理解说话者真实的意图，我们必须要弄清楚双方所讨论主题的倾向。我们无须改变自己的观点，但是我们要能揣度并了解对方的观点。有时候我们只是刚刚听到几句话就马上得出对方是"同意"、"友好"、"敌对"等意思。其实，我们更应该认真地倾听，仔细揣摩对方的观点，然后在作出判断之前想一想这个判断是否合情合理。这样才不至于曲解或误解了对方的真实意图。

隐藏在言语中的内心世界

你能捕捉到对方说话时所传达的信息吗?

我们每个人说话都有自己的风格或者说是特点,巧妙地分析对方谈话的语气、语速、声调,揣摩一下对方的内心正在想什么,这是我们能够与陌生人进行深度沟通的必要条件。

泛泛的交际,是无法建立良好的人际关系的,我们必须用心去了解谁才是我们可以交心的对象,然后用心与之结交,让彼此的关系更亲密与稳固。

在和他人打交道的过程中,其实仅从其谈吐方式、遣词用句等方面,就可以窥视出其内心的状况,这样我们就能够正确地应对了。

就在袁绍竖起反董卓的大旗后,郭嘉去投靠袁绍。袁绍对他敬重有加,用对待贵宾的方式对待他。

但是很快,郭嘉就看出袁绍靠不住。他对袁绍的另一个谋士郭图说:"袁绍表面上仿效周公礼贤下士,但他说话眉毛胡子一把抓,没有重点,而且经常把家事挂在嘴上;喜欢让大家献策,但他总说让我再想想,不能作决断。这样的人一定成不了大事。"

不久,郭嘉就坚决地离开袁绍,去投奔了曹操。

曹操亲自考察郭嘉,问他:"你说我能打败袁绍吗?"

郭嘉说:"袁绍有十败,您有十胜。"

接着他详细分析了袁绍的十大弱点、曹操的十大优势，说得头头是道、有理有据。郭嘉的这番分析让曹操心服口服。

郭嘉最后建议先打吕布，然后再逐步扩大地盘，壮大自己。

曹操马上说道："就依先生所言。使我成就大业者就是你啊，你正是我要找的谋士！"

郭嘉也说："您也正是我要找的明主。"

我们不妨来分析一下上述故事，袁绍说话没重点，喜欢唠家常，做事不果断，证明他胸无大志，成不了大气候。曹操言简意赅，对郭嘉的建议立刻采纳，这说明他做事干脆利落，不拖泥带水，让郭嘉死心塌地为他效劳，因此可成大事。而郭嘉也从言谈中听出了曹操是一个爽快的人，因此，自己也就无所顾忌，该说什么就说什么。因此，一个人说话的速度、语气，正是我们探知对方深层心理活动的关键所在。当然，说话的声调也是不可忽视的要点。

有人说话粗俗不堪，有人说话谦恭有礼，有人说话一本正经，当然也有人一派胡言，或不知所云。总之，不管是什么人，从他的话语中我们就可以窥探出他的内心想法。

一般来说，高贵优雅、气质非凡的人说话温和婉转，常用文雅的应酬用语。然而，这类人也应分为两种，一种人表里如一，另一种人则口是心非。后者很多是外表高尚而内心丑陋的人，他们不愿被对方察觉出自己竭力掩饰着的目的，所以才使用文雅的语气说话。

反过来，那些谈吐粗俗的人显得比较单纯。这种类型的人，不管是对上司还是部下、对同性还是异性，都用其一贯的谈吐方式，喜欢的就喜欢到底，讨厌的就讨厌到底。

此外，在初次见面的时候，这种人的好恶也表现得相当明显，要么表现得很不耐烦，要么就是亲热如多年老友。

"没劲"、"讨厌死了"、"这是真的假的"、"是吗"等口头禅，时常灌进我们的耳朵，我们可以通过这些口头禅看出一个人是积极主动，还是消极悲观等。心理学家指出，口头禅是人内心中对事物的一种看法，外界的信息经过人们在内心的加工，脱口而出就成了一种固定的语言反应模式。所以在面对同样的问题、遭遇类似的情形时，人们总会用口头禅来应对。

心口是相连的，所以人们才会说某人是心口不一。通过言语，我们就可以了解一个人的内心。

进入他人的"私人乐园"

"要想舌底生花、芳香宜人，在你准备张口时，一定记住中国人的一句古话：有备无患。"

——美国法学博士贝尔·特尼

我们大家都知道世界上没有两片相同的树叶，也没有两个完全相同的人，每个人都是一个不同于他人的个体。所以，在交际过程中，要想使交际得以顺利展开，就应该学会用不同的方法对待不同的人。这就要求我们在进行交际之前，对对方要尽可能多了解，只有这样，我们才能够找到适合对方的话题，进入到他的"私人乐园"中。

被人称为"私人交际天才"的罗斯福也深谙此道，一位拜访过他的人曾这样说过："不论来访者是牛仔、勇敢的骑兵队员，还是政治家、外交官，罗斯福都能找到适合对方身份的话题，让彼此的交谈非常愉快。"为什么罗斯福能做到和每一位初次见面的人都相谈甚欢呢？答案很简单，每当有人来访时，罗斯福就会在前一天的晚上查阅有关当事人的资料，对当事人作初步的了解，所以不论来访者是达官政要还是贩夫走卒，会谈时，罗斯福都能找到符合那些人胃口的话题，那些人也会认为罗斯福对他们有着浓厚的兴趣。通过这种策略，所有与罗斯福交往过的人都在心理上得到了满足。

罗斯福十分重视那些与他人息息相关的事情以及他们特别关注的事情。于是，他就运用这样一个再简单不过的策略，使他人的自尊心得到了满足，最终赢得了他人的好感，为自己轻松进入他人的"私人乐园"打下了坚实的基础。

能在人际交往中顺利地进入他人的"私人乐园"，这往往是大人物取得成功的重要原因。这是因为，他们深切地知道每个人的兴趣都是不同的，如果能够在交际过程中有效地利用这种差别，往往能够收到事半功倍的效果。

总之，如果我们想了解一个人，在交谈之前最好先有所准备，了解与之有关的各种资料，比如对方的阅历、对事物的认识能力、爱好等。我们还应该根据每个人不同的特点和背景采取不同的方法来展开交谈。虽然这只是一个非常简单的策略，但是在交际的过程中常常能够让你得心应手、游刃有余。

不只是一次谈话

要想和陌生人成为朋友，就要抓住他的心。

在同陌生人交往时，如果抛出一个话题，这个话题必须是能够拓展的话题——对方能做出回应。这样的话题人人都可以发表自己的看法，这样才能探出对方的兴趣和爱好，拓展谈话的领域。如果对方对该话题表现出了浓厚的兴趣，则应在第一时间进行探讨。如果对方的回应是三言两语、冷淡的，则应及时转换话题。

首先，在抛出话题时，最忌讳的就是不分情况，为了话题而话题。如果不了解情况，就指着一幅油画说"真像 18 世纪的作品"，或是听见一首曲子就说"很有施特劳斯音乐的风格"，除非对方是外行，否则只能遇到冷场，并给对方一种不好的印象。

面对陌生人，我们可能不知道对方的职业，但不可盲目地询问。社会上有各种各样的职业，但也会有人失业，问一个人的职业有时就是在变相地追问他是否失业，一些自尊心很重的人，并不喜欢这样的询问和话题。另外，工资等隐私更不能作为话题。

如果你确实想通过拓展谈话来获知对方的职业，就应该用试探的方法。例如"先生常常去打球吗"，如果他说"不"，就可以再问是否很忙以及每天都去哪儿消遣，这样就能打探出对方是否有固定工作。总之，要想开拓一个话题，获知更多的信息，就应该多用一些方法，一步步实现。盲目乱问只会把交谈变

142

得很糟糕，引不起对方的兴趣。

其次，要学会聪明地接话题，转话题，保持双方的沟通兴趣。

在谈话中要学会抓住对方的话题，进行机智地接答。当对方表现出浓厚的兴趣时，可以就这个话题说得更多；当对方不是很有兴趣，并将主动权交给自己时，应聪明地转换话题，让谈话变得风趣、活跃起来。

有一次，孔子带着他的几名学生出外讲学、游览，一路上十分辛苦。这一天，孔子和他的弟子们来到一个村庄，在一片树荫下休息。

他们正准备吃点干粮、喝点水时，突然孔子的马挣脱了缰绳，跑到庄稼地里去吃了人家的麦苗。农夫很气愤，就上前抓住马嚼子，将马扣下了。

作为孔子最得意的学生之一，子贡一贯能言善辩。他凭着不凡的口才，自告奋勇地上前去企图说服那个农夫，争取和解。可是，作为一个读书人，他说的话文绉绉，满口之乎者也，天上地下，将大道理讲了一串又一串，尽管费尽了口舌，可农夫根本听不进去，自然也不愿意多谈，更不愿意放马。

有一位刚刚跟随孔子不久的新学生，论学识、才干远不如子贡。当他看到子贡与农夫僵持不下的情景时，便对孔子说："老师，请让我去试试看。"他走到农夫面前，笑着对农夫说："你并不是在遥远的东海种田，我们也不是在遥远的西海耕地，我们彼此靠得很近，相隔不远，我的马怎么可能不吃你的庄稼呢？再说了，说不定哪天你的牛也会吃掉我的庄稼哩，你说是不是？我们该彼此谅解才是。"

农夫听了这番话，觉得很在理，责怪的意思就消除了，于是将马还给了孔子。旁边几个农夫也互相议论说："像这样说话才算有口才，哪像刚才那个人，说话不中听。"

说话要看对象，要看环境，要看说话的事理。孔子曾经说："可与言而不与之言，失人。不可与言而与之言，失言。知者不失人，亦不失言。""失人"指失去了可以说话的对象；"失言"可以理解为这次谈话不成功，也包括选错了说话对象。要做到两"不失"，就要在适当的地点、适当的时候、适当的语境，对适当的人说适当的话。

充满激情的人，在交谈时会有强烈的情绪，并且内心活动显之于外；冷漠型的人，更容易持重寡言，具有深沉的情感；性格大大咧咧的人，多表现出漫不经心的样子。性格的不同，需要我们用不同的沟通方式去选择话题。另外，我们也需要考虑对方的身份。在谈话中要根据谈话人的性格而采取恰当的谈话方式，如此才能够达到谈话的最初目的。

在沟通中，一定要观察对方的反应，巧妙地接答对方的话茬儿，这样才能把原来的话题引向另一个话题，使谈话转变一个角度继续进行下去。随着话题的深入，交谈的持续进行，逐步打开陌生人的内心世界，从陌生人变成朋友。

王某是一家企业的销售员，负责一个地区的销售业务。这样的工作免不了要同各行各业不同的人打交道。时间长了，王某就知道怎么在第一时间与人建立良好关系。

年底的时候，公司为了加强和客户之间的联系，特意举办了一年一度的"联谊会"，借此与客户联络一下感情，总结一年的经验，为来年开个好头。公司安排王某在会议期间陪同一个新客户李某。

由于是新客户，王某对李某了解得也不太多，李某本人也比较内向，话也不多，王某一直不知道该如何开口。在他们路过一家商场时，李某就聊起了商场的销售情况，王某认真地听着，并不停地说"是"。最后，李某深有感触地

144

说："现在，市场竞争够激烈的。"王某赶紧接过他的话茬儿说："就是。你们单位的竞争怎么样呢？"

由于这正是李某感兴趣的话题，双方就开始了顺畅的交谈，王某不仅知道该单位更多的情况，也交上了李某这样的朋友。

话不投机，就要学会转换话题；话若投机，就要学会接，将话题一步步地引向有利于自己的方向。

赞美，改变你和他

让你的赞美去改变别人的人生，同时也改变自己的人生。

我们每个人都或多或少地有自认为得意的事情，至于这件事是否真有价值，就另当别论了。但是，至少在我们本人看来，这是一件很有意义的事情，这就给对方一个很好的表现自己的机会，从而使得交际活动得以顺利进行。

在与人交际的过程中，假如我们能事先有所准备，并能在交际活动中有意无意地谈起对方感到得意的事情，那么他会很高兴和我们继续交谈下去的，因为这会让其有如遇知己之感。

老李是某中学的校长，眼看着学校的实验器材一批批地被淘汰掉，万般无奈之下，他决定向本市的一个著名私营企业家求助，因为，这名企业家十分重视教育，曾有过捐款援助本市家境贫寒的大学生顺利求学的事迹。但是，现在这家企业的经营也陷入了困境，能不能求援成功，老李心里实在是没底。

一次，市里召开大会，表彰了这名私营企业家对教育的关注和热心行动。老李抓住这个难得的机会，去他的企业拜访。

老李说："杨总啊，久闻您的大名。近日在市里开会我再一次听到教育界对您的称赞，实在是钦佩，钦佩啊！今天散会返校，途经这里，特地来拜访一下您。"

杨总连声笑着说道："哪里，您过奖了！"

老李接着说道："杨总真是高瞻远瞩，有长远眼光啊，在咱们市首次开展援助贫困大学生的行动。这事不仅在咱们市里被传为美谈，甚至已经传播到了全国各地，真的是名扬四海啊。"这话说得杨总满心欢喜。

老李趁机继续说道："跟您相比，我这个校长可真是无能啊。身为校长，明知学校的实验器材落后，严重影响了学生的学习，却找不到解决的办法。要是社会上的人都能像杨总您这样，真心实意地支持教育，只需3万元，就能医治我的心病。"

听到这里，杨总立即站起来拍拍胸脯，慷慨地说："李校长，这3万元我捐助给你们。"一听这话，老李紧紧地握着杨总的手，对他表示由衷的感谢。

与人交往的过程中，如果我们从真诚称赞和诚挚感谢方面着手，尽量谈论让对方感到得意的事情就会拉近两个人的关系，并使谈话愉快地进行下去。

但也要注意这些赞美之辞必须是发自内心的、恰到好处的，不能无中生有，夸大事实，否则就变成了阿谀奉承，弄巧成拙。

不要触碰他人的个人隐私

个人隐私，是"禁区"。

每个人都有隐私，都有自己不愿公开的秘密。隐私权也是人的基本生存权利。在与人交往中，隐私更是一个需要注意的问题，揭人隐私是人际交往中的一大禁忌。所以，我们每个人都应该避免那触及别人隐私的问题。

一次，李强与朋友一起吃饭时，朋友给他介绍了同桌的一位个体户。彼此寒暄了几句后，无意中李强就问起他最近进的一批货是什么价。

话一出口，他就后悔了。个体户之间竞争十分激烈，进货价都是保密的。答复他吧，不可能；不答复他吧，彼此刚认识，好像不太好。

正在他不知所措之时，个体户问他："你能保密吗？"一听他相信自己，李强一拍胸脯保证说："能，我最能保密了！"

那个体户笑了笑说道："很好，我也能保密。"在他这种俏皮的答话中，李强才得以避免了尴尬。

人们多半的谈话过失是由于欠缺考虑或无知引起的，触及别人隐私的行为也是这样造成的。但也难免会有一些人专门以揭人短、探人隐私为乐趣。

在实际的生活当中，喜欢探人隐私的人不但不招人喜欢，而且自己也常常吃亏。有些大公司的秘书一般都是几个月一换，因为做经理的不愿秘书对他的底细知道得太多。所以，我们不仅不要去打探他人的隐私，即使对方要告诉我们，我们都要尽量避开，以免将来给自己惹麻烦。

有的人什么事都喜欢打听，他们最喜欢知道别人的私事及秘闻。有时为了增加谈资，有时仅仅是一时好奇，即使与自己无关的事，仍然喜欢问个究竟。如果是对对方的关心，也许会让人对你有好感；但若不是，就会十分令人讨厌了。这种看似微不足道的事往往有着很强的杀伤力。

人到了适婚的年龄仍单身，似乎就成了"众矢之的"，经常有人关心，甚至"过度关心"。经常会被人问道："你为什么还不结婚啊？""什么时候喝你的喜酒啊？"

结不结婚，是个人的问题，但有人却表现出"极度关心"的样子，有的人还喜欢偷偷打听、"她长得还不错，怎么还不结婚啊？不会有什么问题吧？"这种问题严重地伤害了他人的自尊心。

在日常交际中，具体地说，我们应避免如下隐私类话题：

(1) 女士的年龄；

(2) 工作及工资情况；

(3) 家庭内务及存款；

(4) 夫妻感情；

(5) 身体状况；

(6) 不愿公开的工作计划；

(7) 不愿意为人知道的其他隐私。

我们每个人的内心深处都有一种天然的、本能的维护自己内心秘密的情绪，遇到别人不得体的询问，我们很自然地会产生逆反心理。如再遇到那种什么事都不放过的"查户口专家"，被问者的厌烦之情会更加强烈。

什么事都想问一问会使自己变得浅薄而又庸俗，试想，一个喋喋不休、喜欢探问别人私事的人，怎么可能结交到真正的朋友？

在你想问对方某个问题的时候，最好先在脑中思考 30 秒，看看这个问题是否会侵犯对方的个人隐私，如果有可能侵犯到，要尽量地避免，这样对方不仅会十分乐意接受你，还会因你在应酬中得体的问话与轻松的交谈而对你产生非常良好的印象，为更进一步地交往打下坚实的基础。

不在别人的伤口上撒盐

> 不说人坏，不揭人短。

在现实生活中，每个人都有自己的短处和缺点，有一些是他人知道的，也有一些并不愿意让人知道。因此，在同陌生人聊天时，一定要做到慎重，不能拿对方的不光彩问题做文章，这无异于在伤口上撒盐，既让对方感到痛苦，也给人一种不好的印象。

朱元璋是明朝的开国皇帝，出身卑微，曾当过和尚，还曾在街头要过饭，做了高高在上的皇帝后，昔日的那些穷哥们儿自然少不了到京城去投靠他。这些人原本想着他们是和朱元璋共患过难的朋友，现在朱元璋发达了，一定会念在昔日的情谊上，给他们封个一官半职什么的，也让他们享受一下安逸的生活。

让人万万想不到的是，朱元璋最忌讳的就是别人揭他的老底，认为那样会有损自己的威信，因此对来访者大都拒见。所以他那些昔日共患难的穷哥们儿只能眼看着朱元璋做皇帝，享受着人间的山珍海味，而自己却只能继续过着食不果腹的苦日子。

虽然很多人见不到朱元璋，但偶尔也有例外。有位和朱元璋孩提时一块儿光屁股长大的老友，从老家凤阳千里迢迢地赶来，几经周折总算进了皇宫，见着了朱元璋。这位淳朴的老兄依然把朱元璋当成儿时的那个玩伴，认为没有什么话是不可以说的。所以一见面，就当着文武百官的面，大嚷大叫起来："哎呀，朱老四，你当了皇帝可真威风呀！还记得我吗？当年咱俩可光着屁股玩过，你干了坏事总是让我替你挨打。记得有一次咱俩一块儿偷豆子吃，用破瓦罐煮。豆还没煮熟你就先抢起来，结果把瓦罐弄烂了，豆子撒了一地。你吃得太急，豆子卡在嗓子眼儿了，最后还是我帮你弄出来的。怎么，不记得了？"

这老兄以为提起儿时的事情朱元璋就能念及旧情，可是他做梦也没想到有可能给自己招来灾祸。当他还在喋喋不休时，宝座上的朱元璋再也坐不住了，心想此人太不懂得规矩了，居然当着文武百官的面让我下不了台。盛怒之下，朱元璋下令把这个人赶出皇宫。

故事中那个可怜的人原本是为自己求荣华富贵来的，可谁知，无意间揭了朱元璋的短处，结果被赶了出去。由此可见，别人的短处是揭不得的，否则会给自己招来很大的麻烦。

我们每个人都有优点，也都有缺点，为人处世的成功，一个很重要的方面就是善于发现对方身上的优点，适时地赞美对方的长处，而不要揪住别人的缺点、短处不放。因此，一定要注意，不管在什么场合，都不要揭别人的短处，也不要伤害他人的自尊。那样做，是损人又害己的事。

我们再来看一则故事：

清朝的康熙皇帝，年轻时励精图治，做过不少为国为民的大事，到了晚年时，年纪大了，头发白了，牙齿也松动脱落了。这本是人生的自然规律，可他心里就是不服老，犯了老年人的通病，只要听到有人说他"老"，他就特别不高兴，身边的重臣深知他的心理，特别忌讳说"老"一类的字眼，也没有谁敢在皇帝面前触这个雷区。康熙为了显示自己还年轻，还很有活力，常常带领皇后、妃嫔们狩猎，在河塘边钓鱼取乐。

有一次，康熙带着一群妃嫔去湖边钓鱼，很快，鱼竿就动了，康熙皇帝连忙举起钓竿，只见钩上挂着一条大大的龟，心中甚是喜欢。谁知刚拉出水面，只听"扑通"一声，龟却脱钩掉到水里去了，康熙长吁短叹。在康熙左侧陪同的皇后见状连忙安慰说："看这光景，这只龟怕是老得没有牙了，所以衔不住钩子了。"

这时，在一旁观看的一个年轻妃子见状忍不住大笑起来，而且笑个不停。康熙不由得龙颜大怒，他认为皇后的话是说者无心，而那妃子则是笑者有意，是笑他没有牙齿，老而无用了。回宫之后，康熙马上下了一道谕旨，将那妃子打入冷宫，永世不得翻身。到了这个时候，那个年轻的妃子才真切地体会到自己的失误，她感叹说："因不慎笑了一笑，却害了自己一生，这都是我不检点自己的行为酿成的恶果啊！"

为什么皇后在说话时明显说到"老"字而康熙没有怪罪于她，而妃子只是笑了一笑，康熙却如此地勃然大怒呢？首先是康熙的不服老的忌讳心理，他反感别人说他老，所以一旦有人涉及这个话题，他心理上就承受不了。另外，由于皇后与妃子同康熙皇帝的心理距离不同。康熙知道皇后是一片好心地安慰，那位年轻的妃子是在皇后说话的基础上笑的，再加上她与康熙皇帝的感情远不如皇后的深，所以让康熙皇帝产生了消极联想：那老龟掉了牙衔不住钩子，就像康熙皇帝一样老而无用，连钓起的老龟都让它跑掉。这就深深地刺到了康熙的痛处。

我们每个人都是有自尊心的，我们总希望能够受到别人的欣赏与尊重，谁也不愿意人们一见面就提让自己不愉快的事。所以，每个人都不喜欢别人触及自己的憾事、缺点、隐私或者是使自己感到难堪的事，这也是人之常情。因此，在与人打交道的过程中，一定要注意尊重别人，交谈时尽量不要涉及别人的短处，不然就会导致双方的不和，给人际交往带来麻烦。

第七章
**邂逅陌生人：
我们的朋友遍天下**

一个好汉三个帮，我们生活的方方面面都离不开朋友。想交到真心的好友并非易事，犹如披沙拣金，需要付出大量的心血。我们要扩大自己的社交面，在与陌生人的接触中，发现与我们志向相投的良师益友，如此，我的好友必遍天下。

借赶场的机会，结识新朋友

"每当我回忆起我最好的朋友当初都是陌生人时，我的畏惧就消失了。"

——罗宾逊

现代多元化的社会，为人们的交际提供了多元化的平台。昨天的路人，今天可以相知，说不定到明天就是一对无话不谈的知心好友。人们日常的工作与生活往往是交织在一起的，一般来说，人们很难腾出专门的时间去交际。但是我们又特别需要交际，于是就会想到忙里偷闲地结交一些新朋友。赶场就是其中的一种。

我们的日常生活中常常有这样一群人，他们利用业余时间频繁地参加各种聚会，每周的日程总是排得满满当当的。这种聚会通常不是普通意义上的同学聚会或亲友聚会，而是利用网络等手段集结到一群志趣相投的人在一起娱乐交流。

赶场，的确是结识新朋友的不错办法。通过这种"自设"的平台，一群陌生人聚集到一起，那种感觉实在是很新鲜。像各类汽车的车友会、各种主题论坛、沙龙俱乐部的聚会，又或者由个人在网上发起并召集起来的旅行团队等。慢慢地，这群人连同他们的生活方式都有了一个固定的代名词——"都市赶场族"。

这些赶场族，为什么终日奔波在各种聚会中却乐此不疲呢？因为"赶场"缓解了压力。

在"赶场族"这个群体中，人们通过自由选择各自向往或需要的交际活动来满足各自不同的心理需要。在与群体中其他成员以俱乐部主题为基础的交往过程中，人们慢慢地卸下了基于社会地位、利益纷争等现实原因而形成的防御心理、攀比心理及自卑心理，转为关注所在团队和谐愉悦的集体效应，在自身获得快乐的同时也有效缓解了紧张的压力。

在不同主题的俱乐部或联谊会中，原本素昧平生的陌生人聚在一起，在保证了"至少有一个共同话题可以交流"的基础上，这群在生活中没有利益纠纷的人更容易相处得快乐与自如。赶场族之所以喜欢这样的交流，主要基于如下两方面的原因。

(1) 陌生人的那种神秘感会使一个人在这个群体中有机会重塑一个崭新而美好的自我，当每个人都以或开朗，或忠诚，或坚强的正面积极的形象出现后，会更加给彼此带来愉悦及舒适的感受。

(2) 我们每一个人在面对与自己没有利益纷争的陌生人时，往往会本能地降低防御攻击心理，从起初只是响应各种主题的交流，逐渐到日常的嘘寒问暖、倾诉衷肠的深度交流，使人性在某种程度上得以回归。

适度的赶场生活在合理利用了闲散时间的同时，也满足了一部分人寻找"归属感"和"情感支持"的心理需要。

比如，刚刚离婚、失恋，或者刚刚经历了丧子之痛；又或者刚刚拿到自己的癌症晚期诊断书的人，假若并不是一味地待在家中痛不欲生、悲观沉沦，而是定期参加一些和自己遭遇类似情况的俱乐部活动，那么在特定的群体中通过彼此的说与听等方式，必然会有效激发个人的共怜心理，弱化那种社会"比较感"形成的巨大心理落差与空虚，从而获得情感的支撑与依托。

人们在各自需要的群体中去寻求精神支持与情感依托，并借助多种多样的娱乐方式消遣闲暇时间，放松压抑心情。

总的来说，赶场认识新朋友，还是值得提倡的。但是，和这类场合的陌生人打交道，是需要另外一番心态和处世方式的。

我们来看一则关于美国作家莫顿·罗宾逊的故事。

美国作家莫顿·罗宾逊曾苦恼地对人说："就我个人而言，我总是局限于熟悉的几个朋友、同类的人。我一生都希望能够与陌生人成为朋友以拓展我的视野，激发对生活的敏感。但我总是望而却步，害怕遭到拒绝。我要怎么做才能克服这种怕受冷遇的恐惧感呢？"

后来经人介绍，他到一家车迷俱乐部参加活动，在那里赶场，他认识了大卫·吉萨。

大卫·吉萨主动亲近每一个陌生人，并且把这当作是一种乐趣。他的主动示好几乎能融化所有人身上裹着的那一层寒冰——每个陌生人身上都裹着这层寒冰。他如此轻而易举地就可以亲近陌生人，简直让罗宾逊感到忌妒。但是，如果让他打破僵局首先对陌生人开口说话，他宁可选择去死。

但他这种孤芳自赏、过于清高的态度并没有吓退大卫·吉萨。他将他那双蓝色而十分友善、十分友好的眼睛转向罗宾逊，很自然地微笑着。他并没有像一般人那样说出关于天气好坏这类无用的套话，也没有用自我介绍作开场白。

他说话的时候一点都不紧张或者感到尴尬，就好像他是在把一个有趣的消息传达给一个认识已久的老朋友，他说道："我发现你在观察那位古铜色的家伙修理冰鞋，他是来自纽约的学者。去年他当过'珂尼尔'号的尾桨手，同时还担任着辩论俱乐部的主席，你不认为他是美国年轻一代在牛津最杰出的代表吗？"

吉萨的这番话迅速诱导他们两人进入了一个问题的讨论——关于盎格鲁撒克逊人和美国人之间友谊的梦想。从这个话题开始交谈，两人的谈话涉及共同感兴趣的各个领域和特殊的信息。

一个钟头之后，当他们结束谈话时，两人已经成了无话不谈的好朋友。

对罗宾逊来说，这几乎是一个奇迹。

罗宾逊通过自己的这次赶场经历，深切地体会到从陌生人到朋友的过程，同时也体会到这种场合带给自己的奇妙无穷的乐趣。

与陌生人的邂逅

> 能够邂逅某人是一种缘分，更是一种美丽。

想必我们每个人都有过这样的记忆：十分喜欢某某明星，但对他的所有了解都是来自报纸、杂志、影视或他人茶余饭后的闲谈；对某位钦佩的政府官员或企业高管的知晓也是来自媒体或他人的言谈；对某位普通人的了解是来自亲人或朋友、同事之口……假若某时某地你与他不期而遇，并且彼此有了一定的沟通交流，哪怕只有简单的三言两语，这就是邂逅。

邂逅陌生人有时会带给我们很大的收获，比如，精神上的、情感上的或者是物质上的，等等。

每次邂逅陌生人，往往都会有一段故事，而每一个特别的故事，都一定有着其让人难以忘怀的理由。

张颖等 3 位影友曾自驾车到广西东北部的龙脊梯田采风，在那里邂逅了一个美丽动人的故事。时间过了一年零九个月，故事的主人给他们寄来了用他们的摄影作品印制的挂历，每一页还配有相应的诗句。

故事是这样的：

在向导的带领下，张颖等 3 位影友攀上一处高台，那是拍摄梯田景色的必经之地。

正在这个时候，来了一男一女。男的 40 岁左右，英俊儒雅；女的是用"滑竿"抬上来的，看上去只有三十多岁，既有苏杭女子的妩媚，又不乏北方女子的灵秀。男的扛着三脚架和高级摄影器材忙活开了，那女子就在距他不远的地方坐下来休息。

他们先是对这一对男女的身份进行了一番猜测：他们是情侣还是夫妻？抑或是结伴来的朋友？

从那位女子的自我介绍中，他们得知那男的是她的丈夫，他们的家在浙江嘉兴市，男的从事摩托车经销生意。他们是从嘉兴出发，来进行自驾车沿路旅游和摄影创作的。

那位女子接下来向他们讲述了几年前的一次改变她一生的车祸：和一辆违章驾驶的车辆迎面相撞，她重度昏迷，丈夫也受了轻伤……

下山时，女的仍由滑竿抬着，男的跟随左右。车祸毁灭了她的事业，也夺去了她的部分健康。但她又是十分幸运的，因为有一个始终深爱着她的丈夫，为了弥补她人生中的遗憾，她丈夫决定放弃部分生意，陪着她自驾车周游大江南北。

傍晚时分，回到农家旅舍，出乎意料的是，这对夫妻也住进了他们住的木楼。那坐滑竿的女人说，希望有更多时间和张颖他们聊聊，旅舍主人为他们做了一桌丰盛的饭菜。一直到了大半夜，他们才各自睡去。

临走的时候，那对夫妻留下家庭住址、联系电话，诚邀张颖他们去嘉兴做客。

就在新年来临之际，张颖忽然收到那对夫妻寄来的挂历及一封信。

"从那里回来后，我们又去了许多地方，开车到北京、山东、新疆等地，几乎跑遍了祖国的各个角落……这大半年来也有了不少收获，这次我们公司做了一本挂历，上面的风景是我们拍的，上面的文字也是有感而发的……"

张颖看着这份特殊的礼物，心中充满了温暖与感动。

张颖正是因为突然的邂逅而认识了这对夫妻，彼此便成了好朋友。可见，邂逅可以成为我们结识好友的一种渠道。

我们再来看一则关于邂逅的故事：

有一年夏天，对美玲来说是一段"由阴转晴"的日子。

因为各自性格上的不同，美玲与男友分手了。她听人说治疗坏心情最好的方式是旅游，于是，她暂时放下了手头的工作，决定以旅行的方式扫去心里的阴霾。她独自一人踏上了三亚这片旅游热土。

到了三亚后，她在当地报了个旅游团，由于是个散团，团友来自四面八方，交流时，夹杂着各种口音……单身一人的她，在成双成对的团友们中间格格不入，心里难免有些失落。

旅途的第一站是天涯海角，导游将他们带进景点后，大家就各自分头行动了。

吹着徐徐的海风，看着美丽的景色，美玲真的感到痴迷了，也忘却了失恋带来的痛苦。不过一个人旅行的弊端就是没人帮忙拍照，这不能不说是一种遗憾。

到了天涯这个景点，拍照的人实在是太多了，美玲也有点忍不住想拍照了。找好角度，站好位置，只等找个人替自己拍张照了……等了很久，人来人往的，但她始终开不了口。美玲当时感觉自己就像是一个拿着相机的傻瓜，失落、沮丧、痛苦等负面情绪一起袭来。

或者是老天也看到了她的不开心吧，终于有个好心人过来了，不仅帮她拍了照片，而且还帮她介绍了附近的一些景点。一开始美玲对那个人充满戒心，慢慢地，在彼此的交谈中她才知道原来他们一样，都是一个人来三亚旅行的。就这样，那个下午他们结伴而行。

分开后，他们互相留了联系方式。都说旅途中的友情不牢靠，可他们却把它维系了下来，回去之后，他们相互传阅旅行过程中拍摄到的照片。他们两人虽说只是偶尔联系的朋友，但却是那么的知心，美玲称他为自己的蓝颜知己，认为他是自己旅行过程中最美丽的一次邂逅。在她心里，虽然这份情谊与爱情无关，却比爱情更加弥足珍贵。

在日常的工作与生活中，我们会巧遇很多人，无论相逢之前是陌生人还是准陌生人，能给我们留下深刻印象的，一定是不同寻常的邂逅。最让我们难以忘记的，有时并不是生活在我们身边的亲朋好友，而是擦肩而过的陌生人的面孔和微笑。虽似流星一划而过，但留给我们的记忆却是那样的深远而又极富情趣。

有些邂逅可能会成为一种遗憾，但不管怎样，通过邂逅我们还是可以结交到一些好友的。因此，我们不要对邂逅感到恐惧，要学会给自己安上一双邂逅识人的眼睛，通过邂逅陌生人我们可以收获很多意想不到的东西。

理性看待网络交友

网络交友就像是一把双刃剑。

网络交友只是整个网络文化的冰山一角。像很多其他的事物一样，网络交友这把"双刃剑"成为了许多专家学者关注的焦点，特别是随着节假日期间网上觅友人数的增多，其负面效应也比以往任何时候更加明显。一方面新奇刺激、自由自在，同时却又鱼龙混杂、骗局重重。

我们先来看一下网络交友的好处：

(1) 网络可以开阔视野，即时知晓时事新闻，获取各方面最新的知识和信息；

(2) 在网上可以自由自在地与网友聊天、倾诉衷肠、减缓压力；

(3) 可以提高自己某项业余爱好的水平；

(4) 网络交友花费低廉，不用担心被一些无知无聊的人骚扰；

(5) 在网络上可以尽情宣泄心中的压抑，而不用看别人的脸色。

我们再来看一下网络交友的坏处：

(1) 网上骗子多；

(2) 网上更容易设计骗局；

(3) 网上行骗的人很容易钻法律的漏洞；

(4) 过度依赖网落交友的人其思维往往不太正常；

(5) 依赖网上交友会导致某些心理问题，需要看心理医生才行。

网络和现实毕竟是两个完全不同的世界，在现实中不敢说的话、不好意思说的话,在虚拟的网络世界里则可以随心所欲、畅所欲言。但我们也不得不提防一些不法分子利用网络干一些欺骗人的勾当。我们一定要正确地去看待与运用网络,网络只是现代生活中的一种不可或缺的工具,而不是现代生活的主宰,我们要运用它为自己造福,而不是被其所牵制。

周末,程程刚进入某网站聊天室,就见"清风明月"过来轻轻地发来一声问候:"你好!"

熟悉的名字冲淡了彼此间的陌生,由清风明月作为话题谈起,逐渐向古今中外、社会人生、理想与现实等话题蔓延。双方尽情地在网络世界里遨游,程程度过了一个轻松而又愉快的夜晚。

网络交友,已成为有着近3年网龄的程程业余生活中的一大乐趣。在某事业单位工作的她,平时过着单位、家庭两点一线的生活,日子一直过得波澜不惊,平淡中难免感到些许乏味。实施数字化办公后,为练习打字,在朋友的推荐下程程开始了网上交友聊天。她的世界从此一下子开阔起来,真诚、开朗、幽默的聊天风格使她拥有了许多朋友。网络缩短了空间的距离,隔着千山万水的英国、澳大利亚的中国留学生,与她在屏幕上面对面地交流,网络拉近了彼此间心灵的距离,素昧平生的陌生人成了知心好友。异国他乡的风土人情、不同职业的独有魅力、网友成长的心路历程,程程从聊天中收获了很多东西,这些都是在现实的生活中不可能有的。有什么不开心的事情,她也更愿意说给远方的网友听。

上述故事中程程的网络交友方式就是合理健康的,她在网络上结识了很多谈得来的朋友,并且还收获了很多新知识,这都是基于网络聊天而获得的。

有人做过关于网络聊天的调查,三成以上的男性网民选择聊天为上网的首要目的，近六成的女性网民喜欢网络聊天。目前网上有许多聊天网站，QQ、E话通、新浪聊天、网易聊天等深受广大网民喜欢，每天都有数万人在线。并且聊天方式从纯文字输入到语音聊天、视频聊天，聊天变得更加方便与快捷。相关研究学者指出，由于平时的社交圈过于狭窄，上网聊天成为许多青年交友的方式。网络的开放性和虚拟性的特点，扩大了交友的范围，增强了交友的神秘感，使得众多网民乐此不疲。

因此，通过网络结识陌生人的行为并不是不可取，关键在于我们对网络交友抱着什么样的态度与目的。

当然，网络交友并不是和那些抽象的概念符号打交道，而是和活生生的人打交道。为了能够让网络更好地服务于我们，在虚拟的网络交友中，我们应注意如下几点。

1. 注意网友的每一个细节

在网络中，如果有人给我们的感觉太好，以至于我们都不相信是真的，这就要多加小心了。刚认识的时候最好是先使用网站提供的消息工具联系，仔细观察对方是否有任何怪异的言行举动或是前后矛盾的地方，以免上当受骗。

2. 提高戒备心，保持平常心

网络交友，我们最好多花些时间、多花点心思，小心地试探哪些才是值得我们信任的人。当我们怀疑对方在说谎时，这时候我们就要提高警惕了。不过，我们也不要过度防范，对网上的任何人都十分戒备，那样在网络中是很难交到朋友的，最好保持一颗平常心。

3. 向对方索要照片

一般来说，通过一张照片可以让我们了解对方的基本信息和大致长相，这样就可以加深对方在我们心目中的印象。如果我们多次向对方索要照片一直遭到拒绝，这个时候，我们就要考虑对方是否有与我们结交的诚意了。

4. 打电话聊天

当彼此有了一定的了解后，我们就可以给对方打电话聊天了。通过电话聊天我们可以了解一个人的沟通与社交能力。不过在对方向我们索要联系方式的时候，我们要考虑到一些安全问题，一般不要把家里的固定电话告诉对方。我们可以把自己的手机号告诉对方，以免给自己带来不必要的麻烦。

5. 当对方提出借钱要求时，千万要小心

有些居心叵测的人，刚开始的时候往往把自己伪装成正人君子，当交往到一定程度后，他（她）的狐狸尾巴就会露出来（如借由父母生病、兄弟上学须交学费、见面路费等），要求我们给其汇款。一旦遇到这样的事，一定要小心再小心，谨慎再谨慎。

6. 约会见面须谨慎

只有在我们充分了解对方的基础上，才可以考虑在现实生活中约会见面。假若我们感觉到时机还不成熟，当对方提出见面要求时，我们可以婉言拒绝。假若双方到了有必要约会见面的程度，也一定要选择在一个安全的时间（比如白天）、安全的地点（比如酒吧、咖啡馆等），最好不要到对方的家中或其所下榻的宾馆、酒店等与其约会。

网络并不只是一个虚幻的世界，我们可以通过网络结识不同的人，拓宽自己的朋友圈子。但值得注意的是，认识网络世界中的陌生人要谨慎，先保护好自己，才能交上朋友。

给陌生人一个机会

你可以借助财经访谈，认识生意场上的陌生人。

很多人羞于和陌生人打交道，尤其不愿意和陌生人做生意。因为有关陌生人诈骗钱财的事例在我们周边实在是太多了。多得让人一提起陌生人，立刻就会有100%的警觉。好像只要是遇上了陌生人，就意味着是遇上了坏人。

假若在生意上人人都持有这种心态，那还有谁能在生意场上混得下去呢？

还有，从诚信的角度考虑，大家都认为只把生意局限在熟人圈子里做，挣多少钱不要紧，重要的是那钱挣得踏实。其实，即便是在熟人圈子里做生意，风险也是很大的。比如那些做物流的商人，没有熟人根本不敢发货，一听说是陌生人订的货，坚决停发。这就阻碍了生意场上的正常交易，其实是一种对陌生人的极其不信任。

有很多人也曾经尝试过与陌生人做生意，可是一接触陌生人，他们心里就感到恐惧，不知道如何说第一句话，不知道都该说些什么，这是一般人的通病。比如，在介绍某种产品时，很多人想不到幽默或是言之有物的话可说，也不知道应该用什么样的表达方式能让对方对自己的产品留下好的印象。明明是在做生意，却紧张得张口结舌、不知所云。或者为了安全起见，干脆放弃，而且自己心里明明知道这种放弃意味着失去一大片潜在的市场。

其实，任何事情都是相对的。即使我们面对的是一个素昧平生的陌生人，将心比心，我们对对方表现友善，对方同样也会对我们表现友善；我们能增加

166

他们的生活情趣，他们也能丰富我们的生活阅历。假若我们和对方就生意的一些环节进行讨论，并略加入一些有人情味儿的言谈，生意的步子就慢慢地迈开了。假若我们吝惜付出，在生意场上就难以达到双向沟通的目的。

我们中有很多人可能会因为自己与陌生人的见解不同而羞于表达，但正是因为这种不同，生意场才成为一种大舞台。假若我们彼此能够坦诚相待，就可能很谈得来，在大方向上还是能达成共识的。

如果我们想要结识生意场上的陌生人，我们首先就要确定陌生人是在诚恳地和我们谈生意，在心理上接纳对方，诚恳地与人交谈，不要担心会说错什么话，也不要担心生意会做不成。不是有一句话叫生意不成情意在吗？下次有机会再在生意场上遇到，也许那位曾经的陌生人，就是我们的熟人或朋友了。

在传统意识上，人们都是喜欢和自己的熟人而不是陌生人做生意。当一个企业逐步发展成跨国公司时，其声誉也要相应地发展。某个公司在多个国家开展业务前，要通过多年来对顾客的满意服务来证明自己是值得信赖的。这个道理我们每个人都懂，但若遇到金钱交易时，只要对方是个陌生人，我们就会本能地犹豫不决，迟迟下不了决心。生怕这钱交出去了，一旦上当了，会给自己造成很大的损失。很多生意场上不讲信用的事，都不是单方面的因素。

一位资深记者在谈及自己过去以记者身份往返于世界各地的经历时表示，和陌生人谈话，就好像是在不停地打开礼物，打开之前却完全不知道里面有什么，心里充满了惊喜。而陌生人之所以会引起我们的好奇心，就在于我们和他们彼此都一无所知。这种情况发生在生意场上将更有意味：双方都朝着一个既定的目的去——虽然我们彼此不认识，但是我们还是尽力地要把事情做好。当然，正是因为我们彼此陌生，我们的生意才更要做得有章可循。从这个意义上说，和陌生人做生意可能会更好些，因为它一般不会牵涉到人情世故问题。

如果我们学会结识生意场上的陌生人，不但能够扩大我们的交际范围，而且对我们事业的顺利发展也有很大的益处。

谈判桌上的艺术

> 谈判并不仅仅局限于商务上的谈判，它还深入到人们生活的方方面面。

谈判大致可以分为两种，即陌生人间的与熟人间的。

与陌生人的谈判和与熟人的谈判，目的虽然相同，但在谈判的技巧与策略上，却有很大的不同。毕竟，双方在谈判之前，对对方的了解都只是基于他人的口头介绍或书面材料，或者干脆说是双方在认识之前对彼此都是一无所知。所以，在与陌生人的谈判过程中，就比与熟人之间的谈判多了一个边谈边了解对方的环节。

这一点绝对不可以随便忽略，因为谈判直接关系到自身利益的得与失。我们通过谈判是得了还是失了？得多少，失多少，还是说"双赢"？这些都是未知数，因为谈判之前我们对对方的动机并不了解。

可以说，只要存在人与人之间的交往就会有谈判的发生。实力对于谈判的成功固然重要，一些策略与技巧对谈判的成功同样重要，甚至更重要。比如，我们面对的是一个之前从未见过面的对手，我们想做到知己知彼，但现实不可能满足我们这个前提条件，所以，除了实力，我们还必须具备一些谈判的策略与技巧。与谈判相关的策略与技巧一般有如下几点：

1. 循序渐进地切入话题

因为谈判面对的是一个陌生人，与不认识的人进行谈判，最好要说一些过场的话，缓冲彼此间的生疏感。但不可说太过随意的话，也不能虚伪做作，给对方不自然的感觉。

另外，在说话时还要留心观察对方的反应，假若双方的谈判陷入人为制造的尴尬境地，要利用一些轻松愉快的话题缓解一下。谈判的双方原本是来谈判的，却相对无言，不管是对哪一方都不会是件好事。

2. 适当留意对方的眼神

在谈判桌上，并不是只有嘴巴在说话，肢体语言同样很重要，尤其是对方所表露出的眼神，我们只要稍微留意一下，就能察觉出对方此时此刻的心理反应。比如，有的人在谈判时，边讲话边环顾四周；有的人是在听话时左顾右盼。谈判中如果出现这两种状态或其中的一种，都足以说明对方对谈判已经失去了应有的兴趣。所以，我们在与人进行谈判的时候一定要注意去看一看对方是否在关注着我们。假若在我们讲话时，发现对方出现那些心猿意马的反应，我们就不要再浪费时间了，应想办法赶快结束谈判。

3. 通过"三思而后说"来后发制人

当然这只是谈判中的一种策略，而不是教我们学会如何与对方要心眼。

几乎可以肯定地说，所有在谈判中出现的各种失误或错误，都是由于在谈判中小看了陌生人，过于以自我为中心，以致在没有认真考虑或欠缺考虑的前提下"祸从口出"造成的。

特别是面对陌生的谈判对手时，在我们尚未了解对方之前，应尽量地先让对方开口陈述，在对方说话时，我们一定要耐心仔细地听，不要轻易地打断。在对方讲话时打断对方，是谈判桌上的一大忌讳。等对方把话说完，我们再先肯定对方好的方面，接下来谈谈我们自己的意见，这样即使双方的意见会有很大的冲突，也不至于使对方终止谈判。

4. 谈判用语要文明

并不是所有的问题都是通过谈判能够解决的，假若双方谈判出现裂痕，有些人往往会在情绪上对对方产生不满，极容易失去理智，这样可能会把谈判演变成一场争吵，甚至是对彼此人身的攻击、侮辱。假若谈判中对方先出现情绪失控，以致在我们面前诋毁我们的团队或者我们个人的身份与名誉，我们没有必要反唇相讥，我们应该很诚恳地告诉对方，他的言论是极其无礼的，我们不再想听到这样的话了，然后迅速结束谈判。

上述四点讲的是谈判中可能会运用到的一些技巧与策略。在具体运用这些技巧与策略的过程中，还有几点是需要我们注意的。

1. 谈判要刚柔并济

谈判刚刚开始的时候，我们不妨先试探一下对方，必要时和盘托出我们的苛刻条件，在气势上压倒对方以使之就范。这种方式通常适用于与弱势对手的谈判，逼迫对手屈服让步。假若对手以硬碰硬，我们就不妨用"我要亲自与你的老板谈"、"这个生意不做了"等策略去应对。

2. 适度地软磨硬泡

谈判中，当优势明显不在自己一边的时候，不妨抱持一种时间对对方比对自己更重要的心态。不管对方的气势如何嚣张，我们始终以不变应万变，不动声色地让对方尽情发挥。等避过对手的锋芒，在他精疲力竭、无力应战时我们再发动进攻。采用老鼠斗猫的方式拖垮对方。

3. 找出对方的失误之处

从准备谈判的那一刻起，我们就要拿出主要精力去发现对手的失误，并尽可能地夸大这种失误对我们造成的危害。必要时可以对对方说"我要起诉你"、"我要在媒体给你曝光"等话语，给对方制造恐慌，并利用对方的恐慌心理，一举将对方拿下。当然，这只是下下策。既然是谈判，双赢才是最好的结果。

我们与人谈判前要给自己定下底线，制定的底线要给对方留有余地，让谈判结果也能让对方获得一定的利益。这是谈判的一个准则（无论对方是熟人还是陌生人），这也是做人的一个准则。

第八章
身份认同：
解除陌生人的心理防线

　　每一个人都希望自己能够得到他人的肯定。我们都要深深地懂得肯定与赞赏别人是取得成功不可或缺的筹码。但这种赞美和认同必须是发自内心的，是有理可循的，否则就成了拍马奉承，令人生厌。

真诚的赞美才有力量

赞美要真诚，不能虚假。

心理学家威廉·詹姆斯说，人性最深切的渴望就是拥有他人的赞赏。因此，渴望别人赞美是人的一种高级心理需要。社会心理学家也认为，受人赞扬、被人尊重能让人更好地感受到生活的动力和自身的价值。如果一个人的长处得到他人的肯定，他就会更容易发现自我价值，感受到自己的力量。在人际交往中，如果学会了满足别人的这种心理渴望，懂得赞扬、善于赞扬，那么我们的人际关系就会大大改善。

但并不是所有的赞扬都可以让对方满意，让对方产生一种价值感。盲目地赞扬，往往降低了自己的水准，也伤害了他人的感情。

要想让自己的赞美真诚，就应该以单纯为原则。那么，什么样的赞美是不单纯的呢？首先，如果你是为了自己的利益才向对方发出赞美，这种赞美就不单纯。赞美必须是真实的、单纯的，然后才是真诚的。

当为了一种利益而去选择赞美，赞美就成了一种方式，而不是目的。同时，赞美必须名副其实，即对某种真实的东西予以赞美。因为褒扬某种真实的东西永远不会乏味。有人说之所以不给过多的赞美，是因为觉得过多的赞美会使其失去可信度，想防止这种情况的发生，就必须确保赞美永远是真诚的，没人会因名副其实的赞美感到自己得到的赞美过分，名副其实并不意味着惊天动地或可歌可泣，唯一的要求是真实。

一次，某报社举办了一场活动，参会者来自各行各业。在一起聚会，交换名片是再自然不过的事了。交换名片可以结识新的朋友，对人际关系和业务都有很大的帮助。小王是一个刚入行的销售员，自然知道其中的道理。

吃饭的时候，大家开始交换名片，其中有一位记者来自报社，小王想认识这位记者。小王就主动走到那位记者身边对他进行称赞，"久仰久仰，您可是有名的大记者啊！"对方说："哪里，哪里，我没什么名气。"小王说："我每次在报纸上都能看见您写的文章。"那位记者说："我的文章都在哪里？"

小王说："晚报的头版头条啊！"

这位记者略带尴尬地说："您认错人了吧？我是时报的气象记者，在最后一版写文章。"

虚假的赞扬引起了别人的反感，也让小王脸上挂不住了。记者说完就走开了。小王的不真诚赞扬，让自己失去了一次机会。

人们喜欢被赞扬，但肯定不喜欢不真诚的赞扬。虚假的赞扬给人一种虚情假意的感觉，容易让对方觉得这种赞扬带有某种不良的目的。虚情假意、口蜜腹剑、居心叵测，这样的人自然难以让人喜欢。听到虚假的赞美，被赞扬者丝毫感受不到真情，也不会表示感谢，只会更加讨厌对方。对一个人来说，言过其实的赞扬，对赞扬者来说不是实事求是，不但降低了他的水准，也会让被赞扬者感到窘迫。虚情假意的奉承对人对己都是一件坏事。

真诚的赞美和"拍马屁"最大的区别在于是否发自内心。真诚的赞美来自内心深处的一种"美感"。它意味着一个人对另一个人的认可：也许是外表上的漂亮，也许是谈吐上的高雅或者是行动上的敏捷、品格上的高尚等。用心发现，才能用心赞美，用心赞美必须要用心发现。

但是"拍马屁"者却不是这样，他们不是发自内心地认可和钦佩他人，而是以赞美为方式来实现自己内心世界早已存在的另一种目的。他们在"赞美"他人的时候，也会满脸诚恳、眉飞色舞，但总有几分不自在；即使他们能说出让人动容的话语，但他们内心却是一片冰冷。"拍马屁"者嘴上在赞美一个人，内心想的只是如何实现自己的目的，获得自己的利益。

因此，我们要学会用心，学会真诚，让赞美拥有一种真正的力量。真诚的赞美应该是合乎时宜的，在合适的氛围里发出的赞美会让人内心明亮、灿烂无比。当别人感觉到你的赞美是由衷的，赞美的话就很容易被接受。

学会赞美别人，就要善于欣赏别人，还要学习一些技巧。

1. 赞美别人时要用心赞美，让别人感受到自己的诚意

当一个人拥有真诚的态度时，在赞扬别人时，他就会与对方有目光的交流。东张西望往往会给人一种心不在焉、虚情假意的感觉；过分夸张的话容易取得相反的效果。例如，当一个女孩长相一般时，不能赞美她说："你真是美若天仙。"这样往往会弄巧成拙。用心赞美，就要学会在第一时间肯定别人。如果在有事求人时才去赞美他人，往往会被看成别有用心。

2. 发自心底的赞美不是抽象的概括，而是具体的描述

例如，如果你在与别人谈笑时，突然说："你是一个很热情的人。"对方可能会觉得有些不自在，甚至莫名其妙。但是，如果可以具体到某一方面、某一件事，通过这些来进行赞美，就能让对方看到自己的诚意。

3. 真诚的赞美并不一定要借助于语言，也可以用间接、含蓄的表达方式

赞美他人时，可以通过眼神、动作、态度等向对方暗示。例如，恭敬地请教别人；认真地倾听对方；给对方一种肯定积极的眼神。这些间接、含蓄的方式都可以表达出对对方的赞美。

适当的称赞

> 称赞要因时、因人而异。

每当听到别人称赞自己的话，我们就会感到很开心，并因此会感激对方。试想一下，如果我们对初次见面的人说："你的声音怎么听起来像王菲啊？"对方肯定要问："真的吗？"这时我们再说："是的，很像呢。"经过我们的再次肯定，对方会有一种什么样的心情呢？肯定是一种很高兴、很受用的心情。

小雨爱好写作，大脑总是处于"工作"的状态，每天尽琢磨些写文章的事，给外人的感觉是一向很深沉。

在一次会议上，一个人和小雨搭讪说："你的口才真好，上次那个联欢会，你的唐诗朗诵很有中央人民广播电台著名播音员的风格。我们还是老乡呢，我经常读你的文章呢，你可是我们家乡的才子呀！"小雨听了对方这样的

话备受鼓舞，对说此话的那个人也备感亲切，两人虽是一面之交，但一下子就成了无话不谈的好朋友。

在社交场合，适度的称赞是不可或缺的。适度的称赞是一种增进友谊、促进双方进一步沟通的交际艺术。因为你发现了对方的长处并表达出来，让他备感高兴，从而对自己的长处更加珍惜，培养比目前更出色的长处；对方也会反过来称赞你的优点，让你在荣誉中不断地向前行进。那种只看人短处、把他人看扁的人，也不会正确对待自己的优缺点。

纽约一家销路很好的报社，在所辖报纸的经济版一栏中，刊登出一则大篇幅的广告——征求一位有特殊能力和经验的人。

约翰投函给指定的信箱去应征。几天后，他收到复函，约他面谈。他在去面试前，费了很长时间在华尔街千方百计地打听所有关于这家报社创办人的生平事迹。

在见面的时候，约翰说："我能进入像你们这样有影响力的报社，我感到非常自豪，听说您在 28 年前开始创业的时候，除了一间屋子、一套桌椅和一个速记员外，其他什么都没有，是不是真有这回事？"

凡经历一番磨难成功的人士，大多都喜欢回忆早年苦干的情形。眼前这位负责人，当然也不例外。他谈了很多关于他当初怎样用 450 元现金和一股创业的毅力，创办这家报社的经过。又怎样克服困难，怎样与失望抗争……节假日都不休息，每天工作 12~16 个小时，最后他是怎样战胜困难的。直到现在，华尔街最有地位、身份的金融家，都前来向他请教问题。

这位负责人对自己苦尽甘来的经历很是感到自豪，最后他简单问了下约翰的经历，随后把一位副总经理请来，说："我想这位先生就是我们所要找的人了。"

约翰费尽心思去打听他未来上司过去的经历，表现出他对未来上司的关心。而他适当的称赞又促使对方产生了说话的兴致，而使对方对自己留下了很好的印象。

适当的称赞对我们结交陌生人会起到很大的促进作用。正常交际中的称赞，并不是乱吹一通，要讲求方法，不能胡乱称赞。特别是当着别人的面，我们对陌生人做一次不过火的称赞，对方心里肯定会非常高兴，其他人也不会觉得你在刻意渲染。另外，在某人背后宣扬他的长处，使听者产生良好印象，这会比当面称赞的效果更好。迟早有一天，这个人会对你投桃报李的。

俗话说："有钱难买背后好。"假若你会写文章，你就把它当作称赞他人的手段。假若你是一个笨嘴拙舌的人，你可以和人说些"已经过时的称赞话"。比如，"我昨天见到了小张，他对我说您运作着一个很了不起的资金筹措部门。""我上网的时候发现，您写的那本书有好多人都在看呢！""您这么年轻就成为一家公司的总裁，真是厉害啊！"

在称赞对方时一定要有一个诚恳的态度，如果称赞的话说得敷衍了事，反而会让对方产生不愉快的负面情绪。在称赞对方的时候，也不能够说出与实际相差太大的话。称赞一要真诚，二要符合实际情况。

给予对方认同

认同对方，也会得到对方的认同。

假如在一次聚会中，你很想认识其中的某个人，你怎样去结交他？你在与陌生人交谈的过程中会感到很愉快还是很沮丧？你知道为什么你与对方交谈时他却没有兴致吗？

我们在与陌生人打交道的过程中，会遇到上述的问题。我们是否因为这些问题而非常苦恼呢？没关系，有一种方法会让这些烦恼远离你，那就是认同别人。

与人交往的过程中，最关键的一点就是"认同"，比如，交谈中的"我们是同行，都做采访"、"我也是这样想的"、"的确，有些事情就是这样有意思"等。当我们说出这些话时，对方会认为我们是站在他的角度、他的观点、他的立场上的。这样，我们与对方的话题就多了起来，接下来的交谈也会轻松愉快很多的。

小李与小张是一对无话不谈的好朋友。小李的人缘很好，他走到哪儿，就会给哪儿带来生机与活力。当别人讲话时，他会专注地倾听，让人感觉到自己很重要。人们都喜欢和他交往，愿意与他在一起工作、学习和聊天。

一天，小李与小张坐在办公室里闲谈。小张向窗外望去，看到他很讨厌的一个人正在向他们走来。

"讨厌的人来了，我可不想搭理他。"小张说着，想出去避开一下。

"为什么呢?"小李问。

小张解释说,自从到这个单位工作以来,他就看那个人不顺眼。他跟别人说话时态度非常蛮横,是一个非常没有礼貌的家伙。

小李看着那个人说:"看上去他没有那样招人厌烦啊,至少不像你说的那样。或许是你多想了吧,"小李接着说,"或许是你在逃避他。你这样做,只是因为你讨厌他。而他可能也觉得你不怎么喜欢他,因此他对你也就不那么友善了。人们往往都喜欢那些喜欢自己的人,你怎样对待他,他就会以怎样的方式对待你,去跟他说说话吧。"

小张对小李的话半信半疑,想了一下后走到那个人面前,微笑着问他:"你好,看你这身打扮,好像是刚休假回来。"那人看着小张,表现出非常吃惊的样子:"你好,你好,是啊,假期一结束,我马上就赶回来了。""假期过得还愉快吧?做咱们这行的就是这样,压力太大,你在家多休息两天再过来也不迟啊。""呵呵,压力肯定是有的。听说你这个月联系到了一个大客户,真是恭喜你啊……"

让小张没有想到的是,那个人完全不是自己所想象的那样,跟他交谈很是愉快。

我们大多数人与人交际时总是喜欢以自己的想法去衡量别人。每一次接触,我们都担心别人会怎样看待自己,其实,别人也在担心我们会怎样看待他们。假若我们不以自己的想法去衡量对方,而是从对方的角度想问题、认同对方,那么,我们也会得到对方的认同。

查尔斯·伊里特博士是哈佛大学的一位非常杰出的校长。一天,一个名叫克里顿的大学生到校长室申请一笔助学贷款,被批准了,克里顿十分感激地向伊里特道谢。

　　就在克里顿要离开校长室时，伊里特说："有时间吗？请再坐一会儿。"接着，克里顿非常吃惊地听到校长说："你在自己的房间里做饭吃吗？我上大学时也做过。我做过牛排，你做过没有？这可是道很好吃的菜呢！"接着他又详细地告诉克里顿如何挑选牛肉、如何用文火慢煎。校长最后说："你吃的东西必须有足够的营养，才能保证身体的正常发育。"

　　那一刻，克里顿的心情十分激动，原来校长也有过这样的经历，感觉真是太好了。

　　构建良好人际关系的重点就是增加对方的被认同感，让对方接纳我们的方法，就是给予对方"无条件的认同"。这是心理学上一个很重要的原则。因为我们每个人都有"希望自己被别人关心"的欲求。

认同对方的兴趣和爱好

有一种感觉叫趣味相投、惺惺相惜。

　　我们每个人都有自己的兴趣与爱好，在与人交谈的过程中，如果说的是我们感兴趣的话题，那么，我们就会显得特别高兴，觉得对方是一个善解人意的人。接下来，我们就会很乐意地与对方继续交谈下去。

所以，在与陌生人打交道的时候，最好先摸清楚对方的兴趣与爱好是什么，然后我们就和对方多说一些这方面的事情。

中国台湾某女明星需要一两个短剧本，她希望日本一位很有名的作家能够为她执笔。这位作家学贯中西，妙笔生花，但他的脾气十分古怪，一般人的约稿通常会被拒绝。

这位女明星打电话给她的朋友，向他请教应如何向作家提出这个要求。

"你打算请他写些什么类型的短剧呀?"

"我希望他替我写男女恋爱方面的剧本，不过要有新的内容，不要以前的陈旧故事。"

"这样很好，他以前写过不少类似的东西，你只要和他说你知道他写过这些剧本，十分崇拜他就行了。"

过了两天，这位明星给她的那位朋友打电话，很高兴地说:"作家不等我提出要求，就答应替我写两出短剧了。"

那个朋友说:"你们晚餐时，你一直在谈论他过去的那些得意之作吧?"

"你猜得没错，我主要是讲他的作品在台湾是如何如何地受人欢迎。"

故事中的这位女明星其实运用的就是人际交往中的投其所好的艺术。其实，人际交往并不难，我们只要了解一下别人的兴趣与爱好，略施小技就能马到成功。

我们每个人都有自己感兴趣的东西，比如有人喜欢体育，有人喜欢军事，有人喜欢音乐，有人对演艺圈的八卦新闻感兴趣，有人对书法感兴趣，有人对烹调感兴趣，有人对神秘现象感兴趣，等等。总之，每个人都或多或少地会有自己的兴趣与爱好，会说话的人在与对方交谈的过程中，懂得去迎合别人的兴趣与爱好。

李小米是一家房产公司的公关助理，奉命聘请一位十分有名的园林设计师为本公司的一个大型园林项目做设计顾问。但这位设计师已退休在家多年，而且此人的性情清高孤傲，一般人是请不动他的。

为了能够博得老设计师的欢心，李小米事先作了一番调查，她了解到老设计师平时喜欢画画，便花了几天时间读了几本关于中国美术的书籍。她来到老设计师家中，刚开始，老设计师对她的态度很冷淡。李小米装作不经意地发现老设计师的画案上放着一幅刚画完的国画，便边欣赏边赞叹道："您老的这幅丹青，景象新奇，意境宏远，真是一幅好画啊！"一番话说得老先生备感愉悦与自豪。

接着，李小米又说："您是承袭清代山水名家石涛的风格吧？"

这样，就进一步激发了老设计师的谈话兴致。果然，他的态度来了个大转弯，话也渐渐多了起来。接着，李小米对所谈话题有意挖掘，环环相扣，使两人的心理距离也越拉越近。

最后，李小米说服了老设计师，答应担任其公司的设计顾问。

其实，人类本质里最深层的驱动力就是希望自己被别人认为很重要。我们想要别人怎么对待我们，就得先怎样去对待别人。所以，如果我们想让别人喜欢我们，最好的办法就是在交往的过程中尽量聊些别人感兴趣的话题。

具体化的赞美，深入人心

具体化的赞美更真切、实在，更容易打动人。

相信每个人都有过这样的经历，当有人夸赞你"真棒"、"真漂亮时"，你的内心深处立刻会有一种期待，想听听下文，以求证实对方说的是真的：我棒在哪里？我哪里漂亮？如果没有获得具体的赞美，你一定会觉得对方只不过是一般的阿谀奉承罢了。

要想让我们的赞美达到应有的效果，就要学会具体化地赞美别人。具体而详细地说出对方值得我们称道的地方，既能让对方直接感受到我们的真诚，也能让我们的赞美之辞深入人心。

某君和自己的太太带着一位翻译同一位外商洽谈生意。

外商见到某君的夫人后，便赞美道："你的夫人真是太漂亮了！"

某君客气地说道："哪里，哪里。"

翻译心想：怎么翻译"哪里，哪里"呢？最后，他翻译成了"Where，Where"。

外商一听，心想：说你夫人漂亮就是漂亮了，还非要问具体漂亮在哪里？于是，笑着回答："你的夫人眼睛漂亮、身材好、气质好。"

说完，大家哈哈大笑起来，商业洽谈便在愉快的氛围中开始了。

这虽然是一则笑话，但是却给了我们这样一个启发：当你赞美别人时，一定要在心里问自己一个 Where（好在哪里），然后再具体地作出回答，你的赞美一定会因具体化而更能打动对方，甚至会达到神奇的效果。

一个中学生中午去麦当劳买冰激凌时对服务员说："阿姨，我们同学都说你给的冰激凌又大又好。"结果，那位服务员给的圆桶冰激凌多得都快要溢出来了。

有人去饭店吃饭，看到服务员端上来一盘精致的菜肴，便这样赞美道："这萝卜刻的牡丹花像真的一样！"此话传到了厨师那里，最后，那位厨师亲自出来，非要送他一个萝卜刻的孔雀，说是带回去，用水喷一下，能保存好几天。

这样的事例数不胜数，这就是具体化赞美的功效。

我们只有用心而认真地观察对方，才能说出他的优点在哪里，越具体，就越表明我们关注对方，所以说，具体的程度与我们关注的深度是相关的。

如果我们和一个人说："你太漂亮了"、"你很聪明"、"你真棒"之类缺乏真诚的、笼统的、空洞的赞美之言，就有点像外交辞令，太形式化，给人以敷衍了事的感觉，有时甚至会有拍马屁的嫌疑，让人怀疑我们有什么不纯的动机，容易引起对方的反感与不满。

赞美必须具体明确。赞美的行为常成为日后与对方继续交往的因素，用具体的评价来承认对方的优点，就可以展示自己的真诚，当自己有了具体的赞美，就有了真诚的态度，而对方也会以同样的真诚回馈自己。

一些人的赞美恰恰是为了赞美而赞美。在他们的嘴里，"你真好"、"你真棒"、"真漂亮"都是些空洞无物的话语。

在赞美时，我们一定要明白对方的确值得肯定的理由、值得赞美的原因。

我们通过称赞来肯定对方，真诚的赞美怎么也不过分。如果我们能详细地说出对方漂亮在哪里、聪明在何处、什么地方让我们感觉很棒，那么，赞美的效果将大大不同。因为具体化的赞美真实存在，对方自然能够由此感受到我们的真诚、亲切与可信。

比如，说一个人演讲得很棒，远不如说："你的演讲很有思想性，特别是那句……"对方立刻就能体会到你对他演讲才华的真切赞美。

再如，赞美一位女士"你真漂亮"，倒不如说"你的眼睛很有神、皮肤白皙、身材高挑，在人群中很出众啊"。她的脑海中立刻会浮现出有神的眼睛、白皙的肌肤、苗条的身材，自然，你的赞美将令她难以忘记。

有时候，对人的局部赞美等于整体肯定。当一个人的局部被赞美时，他内心深处会有一系列的变化：他会更注意自己被赞美的地方，然后自我求证，果然对方说得没错，从而增强信心，逐渐将自己局部的优势扩大到整体，最后，整个人都变得很自信了。

比如，有些女演员刚开始只是因为眼睛漂亮而被观众肯定，后来越演就越自信，整个人就变得漂亮起来了；一些男演员因为硬汉形象而为人们所称道，后来，他渐渐觉得自己其实也是很帅气的。我们见过太多的演员演而优则唱，演而优则导，这已经是演艺圈十分普遍的现象了。

局部的赞美会促使一个人整体性的改变，所以，从某种程度上说，局部的赞美也就等于是整体的肯定。

总之，在赞美别人的时候一定不可笼统，要具体而到位地去赞美别人。只有这样，别人才能够感受到我们的真诚，进而愿意与我们继续交往下去。

巧借名片表达肯定之意

肯定要建立在了解对方身份的基础上。

名片虽小，但我们可不能小看它，那上面标注的内容可是一个人到目前为止一生成就的写照。所以，接对方名片的时候不可有丝毫的怠慢之意：看也不看，随手塞在裤兜里，这显得很不尊重别人；也不能一边在手里玩弄着名片，一边跟对方说话，这是轻视人的行为；更不能拿着名片在办公桌上边敲边说，那是对人的极不尊重！

接过名片后，正确的做法是什么呢？仔细地看名片上的内容，要表现出极大的热情，并给予恰当的赞美。名片是一个人的简介，所以，对名片内容的重视就是对名片主人的重视。那么，我们应该如何从名片入手，给予对方恰到好处的赞美呢？具体来说，应注意以下两方面：

1. 看名字

我们每个人都有自己的名字，而且通常情况下，我们的父母在起名字时是颇费了一番心思的，也就是说，名字是有讲究的。如果我们善于发现其中的亮点，并将其展现出来，这不失为一种普遍而实用的赞美技巧。

赞美一个人的名字，通常都会收到很不错的效果。首先，肯定会引起对方的兴趣，因为任何一个人的名字，对他自己来说，都是这个世界上最能打动他（她）的东西。名字是打开一个人心灵之门的钥匙，以名字为载体进行交往，你们的交谈一定会在轻松而愉快的氛围中进行，后面的一切事情都可以水到渠成。其次，以名字作为媒介，通过名字去赞美对方，既能体现出我们的真诚，又能优化我们发现美好事物的眼光。要从简单的两三个字中发掘出闪光点，这就需要你去用心地观察，善于联想，勤于总结，还要有丰富的知识做储备。

李倩有一次与一家台资公司的老总谈生意，老总把名片递给她，她接过来一看"张文源"，马上说："张总，你一定是出身于书香门第之家吧！"

他吃惊地问："你怎么知道的？"

"看你的名字——文化源远流长，你父母一定是高级知识分子，不然起不出这样的好名字。"她解释道。

他满意地点了点头，说道："你说的没错，我父母是大学教授。"

其实，张文源良好的文化底蕴早已通过他儒雅的气质表现出来了，李倩自然是看到了这一点，只不过是巧借名片上的名字表达出来罢了。

至于这次洽谈的结果，不用猜我们也能够想得出来。交流在十分融洽的气氛中进行，几分钟之后，他们便成了好朋友，当然，签合同也就是自然而然的事情了。

2. 看职位

除了名字，我们还可以看看对方在职位上有什么值得称道的地方。

董事长，总经理——啊，真是不简单啊，这么年轻就当领导了；

总工程师——聪明人，是国家的栋梁之材啊；

校长——我最佩服的就是既有文化又有领导才能的人了；

教师——太阳底下最光辉的职业，了不起。

通常来说，不会有这样的人——他的名字没有特点，职位没什么优势，单位也没有什么可夸赞的地方。因此，接过任何一张名片，都要仔细看看上面的内容，再结合他本人的形象、气质、学识，这样我们总能找到方法巧妙地赞美一番。

第九章

放低姿态：
满足陌生人潜在的表现欲

当麦穗籽粒饱满时，它会低下沉甸甸
的头，因为它成熟了、充实了。人与人交
往也是如此，成熟的人懂得内敛，于谦虚
中收获平和与友情。

甘心做绿叶

学会做配角，会让我们赢得他人的信任和支持。

在日常的工作与生活中，我们都只有一个角色可以扮演，主角与配角之中，我们只能够选其一。我们每个人都希望自己是主角，在与陌生人打交道的过程中也是如此，因为成了主角，就可以操控谈话的主动权，让对方跟着我们的思路走。

但是，交谈中的双方不可能都是主角，这个时候，我们就要想一想应该如何去做一个最佳的配角。

李京去参加一个关于开发新产品的研讨会议，会议上一个年轻人的讲话引起了他的注意，对于他的话题，李京有着自己的想法。

会后，李京找到了这个年轻人，首先向对方表示了祝贺，并夸赞对方的讲话很有新意。年轻人很是高兴，连声对李京说"谢谢"。说到这里，李京话锋一转，说："你的讲话中有一点是我不太明白的，我是这样想的……"

刚说到这里，那个年轻人就说道："你是不是想问产品中的一个部件为什么要用陶瓷而不是用金属？"

"是啊，我以前见过类似产品的那个部件，是用金属做的，而且，我们也研究过，金属部件有很多的优点……"

年轻人笑了，说："你说的没错，以前的是用金属做的。不过，我使用的

195

是一种特殊的陶瓷，经过多次试验，效果更理想。"

年轻人说到他使用的陶瓷部件时，脸上洋溢着十分自豪的表情。

李京听到这里，把自己原先想说的话都给咽回去了，问道："那么，你的陶瓷特别之处在哪里呢？"

年轻人马上滔滔不绝地讲了起来，之后还邀请李京到他的实验室去参观，还要亲自做实验证明给李京看。

李京找年轻人谈话，本想把自己的想法说出来的，也就是说，他原打算做这次谈话的主角，但是，当他看到年轻人兴奋的表情时，又把自己想说的话咽了回去，改向对方请教了，把说话的主动权交给了对方，这样一来，年轻人就有了很高的谈话兴致，最后还把李京当成他的朋友，邀请李京参观他的实验室。李京成功地做了最佳配角。

实际上，担任任何角色不仅是一种权利，更是一种责任，如果自己不适合当主角，担当不了那个重任，就不妨做一个配角，为大家事业的成功作出自己应有的贡献，也没什么不好，总比强出头要好得多。

我们在与陌生人交往时，只有学会尊重对方，交际活动才能顺利地进行下去；如果总是一味地压制对方，强迫对方服从自己，对方不久就会对我们产生厌烦情绪，从而失去对我们的信任。所以，交际中应努力让对方感到交际的主角是他，而不是我们。

一个时时带着耳朵的人远比一个只长着嘴巴的人讨人喜欢。与人沟通时，如果只顾自己喋喋不休，根本不管对方是否有兴趣听。这是很不礼貌的事情，也极易让人产生反感。

做一个好听众，要学会让自己说，更要尊重让别人去说。学会让别人说，取得的效果比自己说得天花乱坠好得多。倾听并不只是单纯地听，而应真诚地去听，并且不时地表达自己的认同或赞扬。倾听的时候，要面带微笑，最好别做其他的事情，应适时地以表情、手势如点头表示认可，以免给人敷衍的印象。

如果碰到了对方的抱怨等，自己要能够忍受其怨气，学会倾听。倾听可以缓解他人的敌对情绪。当对方向自己倾诉时，有时并不希望我们能提供什么建议和意见、合理的解释或安慰，而只是想把自己的不满发泄出来。这时候，倾听远比提供建议有用得多。如果真有解释的必要，也要避免正面冲突，而应在对方的怒气缓和后再进行。对方看到我们在认真倾听，也能感受到我们的诚意。

与人交谈时试着留意对方的反应，尽量让对方感到心情顺畅。在与人打交道的时候，要让对方扮演主角就得多准备个"剧本"，因为我们难以得知交往会在哪里遇挫，所以就必须把能预测到的对方谈话内容写进"剧本"里去，然后自己根据"剧本"演好最佳配角。所以，要成功地做最佳配角，调查收集与此相关的信息就显得十分重要。

比如，我们可以事先了解一下对方有什么爱好，最喜欢什么，最憎恶什么，讲话有什么样的特点，有什么个人习惯，都有哪些弱点……我们基于这样的信息拟写一个能使对方成为主角并能打动对方的"剧本"。

假若能够做到这一步，对方就会感到与我们交往心里特别顺畅，因而就会对我们产生好感。

在交往的过程中，如果遇到某个人，我们原先准备采用"中等水平"的交际方式，但在实际中我们发现这种方式无法进行下去，这时就需要修改"剧本"了。不过最好事先假设出交际过程中有可能会出现的各方面的问题，并针对这些问题设想一下自己应做出怎样的调整。

尊重每一个人

尊重他人，换来的是被尊重。

现实生活中，有的人常常有意无意做出不尊重他人的行为。比如说，认为朋友与自己关系密切，不给对方留下足够的心理活动时间；看到别人的工作，表现出不耐烦，不尊重他人的劳动成果等。其实，人的内心里都渴望得到他人的尊重，但只有尊重他人才能赢得他人的尊重。

与人交谈时，我们尤其要注意避免作出不尊重对方的举动。只顾自己侃侃而谈，不给对方插话的机会；在听别人倾吐心事时，东张西望、左顾右盼、心不在焉；对诚恳批评自己的人耿耿于怀，做出不文明、不符合身份的举动，让对方感到难堪，等等。这些都是交谈中不尊重他人的表现。

要想避免这些问题，其实只需学会换位思考就可以了。要想到当自己在说话时，对方也是这种反应，自然让人气愤。

从心理学的角度看，人都有友爱和受人尊重的心理要求。人人都渴望平等，成为家庭和社会中真正的一员。任何人都想在谈话中感受到对方的诚意，感受到自身的价值。任何抬高和贬低自己的语言和行为，都不利于沟通的持续进行，也不利于建立和谐的人际关系。

萧伯纳是爱尔兰著名的戏剧家、诺贝尔文学奖获得者。一次他去苏联访问，他来到了莫斯科，当他在街头散步时，见到一个非常可爱的小女孩。萧伯纳和这个小小孩玩了很久，在分手时，他对小女孩说，你回去可以告诉你妈妈，你今天和伟大的萧伯纳在一起玩了。

在萧伯纳的眼里，自己无疑是伟大的，肯定可以让小女孩的母亲感到荣幸。然而，小女孩也学着萧伯纳的口气说，回去告诉你的妈妈，你今天和苏联女孩安妮娜一起玩了。

小女孩的回应让萧伯纳很吃惊。作为一个作家，他立刻意识到了自己的傲慢，并向小女孩道歉。

后来，萧伯纳每次回想起这件事，都感慨万千。他说："一个人无论有多么大的成就，对任何人都应该平等相待，应该永远谦虚。"

当你用诚挚的心灵使对方在情感上感到温暖、愉悦，在精神上得到充实和满足，你就会体验到一种美好、和谐的人际关系，你就会拥有许多的朋友，并获得最终的成功。

卡耐基曾经说过："你见到的每个人都觉得自己在某个方面比你高明，因此通向他心灵的可靠途径就是用微妙的方式让他感到你承认他是重要的，而且要诚心诚意地尊重他。"我们在与人交谈中更要表现出这种尊重。

在同他人的交谈中，我们待人的态度也决定了别人对我们的态度。当一个人站在镜子前微笑，镜子里的人也笑；你皱眉，镜子里的人也皱眉；你对着镜子大喊大叫，镜子里的人也冲你大喊大叫。所以，我们要获取他人的好感和尊重，首先必须尊重他人。任何人的心底都有获得尊重的渴望，受到尊重的人会变得宽容、友好、容易沟通。

李刚是一家公司的业务员，他的工作是为公司拉客户。

客户中有一家是药品杂货店。每次李刚到这家店里去的时候，总要先跟柜台的营业员寒暄几句。在同营业员聊天时，李刚总是在认真地听着对方说话。无论能否遇到老板，是否会被拒绝，他都耐心地倾听对方，不时地点头。

一次，当李刚和营业员聊天时，被老板看见了。老板被李刚的这种尊重人、认真的态度感动了，说，"你明天下午3点来找我吧"。

后来，李刚见到了杂货店的老板。双方的聊天很愉快，老板最后说，你是到店里来的唯一会同他人打招呼的人，而且让我们看到了你对每个人的尊重。我觉得，如果一个人尊重他人，他一定是值得尊重的，同他做生意，也是正确的选择。

人都有友爱和受尊敬的欲望，在交谈中，学会平等地同他人进行沟通就显得无比重要。如果我们能以平等的姿态与人沟通，就能让对方感受到我们的诚意，感受到自己被尊重，进而对你产生好感。相反地，如果一个人自觉高人一等、居高临下，自然会有一种盛气凌人的姿态，也难以与人沟通，对方会因此而感到受到了伤害并拒绝交谈，甚至往来。

"低姿态"与"高姿态"

> 放低姿态，是一件一举两得的事情。

做人要放低姿态，纵然有万千的豪气，也不可唯我独尊；纵然有满腹的才华，也不可目中无人。放低姿态，我们就会真诚地谦虚待人，使他人折服并乐意和我们交往。其实，放低姿态是人生的一种智慧。

凡去过秦始皇陵兵马俑的人，想必都看过那被尊称为"镇馆之宝"的跪射俑吧？

这尊跪射俑是至今保存最完整的、唯一一尊未经人工修复的。仔细观察，就连衣纹、发丝都清晰可见。

跪射俑为什么能够保存得如此完整呢？这得益于它的低姿态。首先，兵马俑坑都是地下坑道式的土木结构建筑，当棚顶塌陷、土木俱下时，首当其冲受损的是高大的立姿俑，低姿态的跪射俑受损害自然就小一些。其次，跪射俑作蹲跪状，右膝、右足、左足三个支点呈等腰三角形支撑着上体，重心在身体的下方，增强了其稳定性，与两足站立的立姿俑相比，不大容易倾倒、破碎。在经历了两千年的沧桑巨变后，它依然能完整地呈现在我们后人面前。

跪射俑给了我们这样一个启示：做人一定要保持谦谦君子的低姿态。在与陌生人交往时，我们一定要试着去抚慰对方的心灵，也就是说，我们不可以让对方产生那种相形见绌的感觉，并尽可能地在对方面前保持低姿态。

英格丽·褒曼至今获得了7次奥斯卡提名，其中有两次问鼎奥斯卡影后宝座。

在她获得了两届奥斯卡最佳女主角奖后，又因在《东方快车谋杀案》中的精湛演技荣获了最佳女配角奖。

然而，她在领奖的时候，却一再称赞与她角逐最佳女配角奖的弗伦汀娜·克蒂斯，认为真正获奖的应该是这位落选者，并情真意切地说："原谅我，弗伦汀娜，我原本并没有打算获奖。"

弗伦汀娜·克蒂斯对她说："你能获奖证明你有这个实力，更让人感动的是你的态度。我没有输，因为我有你这个朋友。"

英格丽·褒曼作为获奖者，并没有像其他影星那样喋喋不休地叙述自己的成就与辉煌，而是对自己的竞争对手推崇备至，极力维护了对手的面子。不管这位对手是谁，都会非常感激褒曼的，会认定她是一个真诚的朋友。一个人能在获得荣誉的时候，如此善待自己的竞争对手，不能不说有一种高贵的风度。

我们常常看到一些人大谈特谈自己的得意之事，这是很不好的。对方不仅不会承认我们很厉害，反而会认为我们这是不成熟的表现。所以，与人交往的过程中尽可能不要提及自己的那些得意事。

现实中总有一些人，尤其是那些刚刚走上社会的年轻人，往往个性过于张扬、为所欲为，结果连连受挫、处处碰壁。

我们再来看看被美国人称为国父的富兰克林的故事。

富兰克林在年轻的时候曾去拜访过一位德高望重的老前辈。

那时的他年轻气盛，抬起头、挺起胸，大踏步地朝前走，结果一进门，他的头就被门框狠狠地撞了一下，痛得他一边不停地用手揉搓，一边看着比他的身子矮了一大截的门。出来迎接他的那位老前辈看到他这副样子，笑笑说："很痛吧！可是，这将是你今天来我这儿的最大收获。一个人要想平安无事地活在世上，就必须时刻记住，该低头时就得低头。这也是我要教你去做的事情。"

　　富兰克林把这次拜访得到的教导看作是他一生最大的收获，并把它列为人生的一个重要准则。富兰克林从这一准则中受益终身，后来，他功勋卓著，成了一代伟人。他在与人的一次谈话中说："那次启发帮了我很大的忙。"

　　在与人打交道的时候，如果我们谦虚为怀就会显得对方高大；我们温文尔雅，对方就乐意与我们相处，认为我们真诚、可信；我们毕恭毕敬，让对方的指挥欲得到一定程度的满足，对方就会认为与我们配合十分默契、很谈得来；我们表现得笨拙，对方就愿意帮助我们。

　　反过来说，如果我们以高姿态出现，滔滔不绝、咄咄逼人，对方会感到一种压力，而且容易产生一种逆反的心理，根本不可能与我们发展成朋友关系。

把对方作为交谈的重点

对方的兴趣，是双方谈话顺利进行的重点。

　　为了能够很顺利地与人打交道，我们在开口之前，一定要注意观察对方穿的是什么衣服、在做什么事情、在说什么话、在关注什么事情，然后，我们再以对方为中心进行交谈，这样就会得到对方热烈的回应。比如：

　　"你这件夹克很有特色。能不能说一下，这个标识代表的是什么啊？"

　　"你是我们这里射箭射得最棒的。你都参加过哪些训练呢？"

　　"你在董事会上的发言真是精彩啊。能不能说一说，你为什么觉得销售环节做得不够好？"

　　"你看上去好像不太高兴啊。我能帮你做点儿什么吗？"

　　假若对方是一个警察，我们就可以说："当警察很威严吧，你能不能告诉我要当一名警察该具备哪些条件呢？"

　　在餐馆就餐时，你可以与人说："不介意我坐在你身边吧？"

　　在聚会时，我们可以与人说："你也来参加聚会啊？"

　　一些人倾向于直接谈论让对方感兴趣的话题。比如："嗨，你看上去文静，能够认识一下吗？"或者："嗨，我在这儿看见过你好几次了。看来我们有缘啊，我有必要自我介绍一下了……"

　　为什么谈论以对方为中心的话题在人际交往中会起到如此大的作用呢？

　　心理学家们的解释是这样的：当我们还是婴儿时，我们就开始认为自己是宇宙的中心。世界上所有的东西都是我的，而世界上的其他事物都是为我服务、听我差遣的。我们那个时候是以自我为中心的小人儿，我们的小脑瓜无论遇到什么事情，都会本能地问："那和我有着什么样的关系呢？"我们长大后，这种思维习惯实际上几乎没有改变，只不过我们学会了用文明礼貌的面具去竭力掩饰自己的自我中心意识。而我们的大脑呢，依然直接、本能、一成不变地在我们和外界打交道时，会这样提醒我们自己："那和我有着什么样的关系呢？"

为了能够更好地明白这个道理，我们从如下的事例中再作具体的说明。

比如，在某大学校园里，一个男生看见了一个女生，很想认识她，就想了一个"请她吃饭"的主意，他就对那女生说："听说咱们学校外边刚开了一家很不错的餐馆，晚上一块儿去那里吃点什么怎么样？"那位女生在作出答复前，心里肯定会做这样的一番盘算："这主意不错。"或者："他说的是饭菜还是饭馆的装修呢？"她甚至会继续想："他说的应该是饭菜吧，他说'很不错'，我会不会也喜欢呢？"她这么一想，心里就开始犹豫了，那男生也可能会察觉到对方的犹豫，如此一来，谈话也就不怎么让人觉得高兴了。

可是，如果是换一种说法，那男生可以选择说："咱们学校外边刚刚开了一家餐馆，你肯定会喜欢的。今天晚上咱们一块儿去那里吃点东西怎么样？"

这样说的时候，强调了"你肯定会喜欢的"，男生已经预先帮女方解答了心里将要出现的问题，这样女生就会更容易接受男生的邀请。

这就是以对方为中心的巨大力量。

假设我们正在参加一个关于新产品发布的研讨会议，一个与会者提出了某个问题，他肯定喜欢听到我们说"这个问题提得不错"，不过，如果我们对他说"你这个问题提得真是好"，他听后心里肯定会更加高兴。

如果销售人员对客户说："这个问题很重要……"就不如对对方说："你

说的这个问题很重要……"

进行商业谈判的时候，一般不说"事实将证明……"而通常会用"你会看到事实将证明……"来代替。

在允许的范围内，与人谈话的过程中我们使用"我"的次数越少，我们在对方的眼里就越显得有理性。事实上，那些善于交际的人相互谈话时使用"你"的次数要远远多于使用"我"的次数。

所以，我们在跟陌生人交往的时候，每个句子前面都要尽可能地加上"你"字，这样会立刻抓住对方的心。这个技巧可以获得很多积极正面的反映，比如可以使对方产生自豪感，省去额外的思考。

要想做到以对方为中心，还要避免以下四种情况。

1. 不尊重对方，轻易打断对方的话

要想在同别人交谈时，以对方为中心，就要做到心中有他人，真正地尊重对方。一些人在同人谈话时，会在别人正谈话时打断对方，这就是不尊重对方的体现。在双方交谈时，如果需要打断，一定是上级打断下级、长辈打断晚辈，平等身份的人没有权利强制打断对方。如果自己觉得有必要打断对方，应礼貌地说"您先请"。

2. 好为人师，补充对方的话语

有些人有一种缺点，就是好为人师。他们总爱表现自己，显示自己比别人懂得多。有些话语并没有必要补充，例如，北京有点冷，另一人就说黑龙江更冷。这就是没有必要的补充话语，容易引起他人的不满。

3. 一发现别人的"错误"，就去纠正、教导他人

有些错误，并不要紧，只是习惯上的不同。但对这样的"错误"，你都要予以纠正、教导，会让人产生一种不舒服的感觉。其实，每个人受教育的程度

不一样，职业背景也不一样，所以出现一些不同很正常，我们应以宽容的心胸来接纳这些不同。一些人把自己的是非判断标准强加于人，往往招致他人的不满。

4. 轻易质疑对方的谈话内容

质疑就是不信任。质疑对方，有时会让人产生一种鄙视他人的感觉，造成双方的尴尬。

在谈话中，要想做到真正以对方为中心，一定要避免以上四种情况。总之，想要拥有一个好人缘，想要赢得别人的尊重与赏识，一定要记得随时随地把"你"字挂在嘴边。

倾听，不是审讯

倾听，需要全身心地投入。

心理学研究表明，在每一个人的内心深处，都会有一种渴望得到别人尊重与欣赏的愿望。知道这一点，对于我们与陌生人之间的顺利交往十分重要。会不会倾听别人的谈话，不仅体现了一个人的道德修养水准，而且关系到是否能与对方建立一种正常和谐的人际关系。而不善于倾听别人不但会让我们显得无知、无礼、无修养，往往还会导致我们错失良机。

有人倒是很乐意倾听别人讲话，但是这种倾听往往是建立在他提问的基础上的。也即是说，这种人常常充当着谈话内容的主宰官，谈话则是以做"问答题"的方式进行：他提问题，别人作答。问题一个又一个地提，让对方马不停蹄地作答。而且通常是对方还没有回答完，一个新的问题紧接着就提出来了。

这种人往往只关注自己所需要的"信息"，而对对方是否愿意回答或双方是否处于平等的交谈地位上这类问题却不管不顾，结果使对等的交谈变成了法官的"审讯"。实际上，持这种谈话方式的人因为很难跳出已有的思维定式，最终仍是收获无几。

冰冰有个同事，名牌大学毕业，能言善辩、满腹经纶，专业技能也很过硬。每次部门开会，假若上司问到他的意见，他都能侃侃而谈，很有一套自己的想法。

然而，大家都觉得他很让人讨厌。需要协调事情的时候，别的部门的人很少有愿意配合他的。同部门的人，更是不愿意和他一起共赴"战场"。

他究竟是哪里不对劲儿？其实，他也没有什么，就是在与别人意见不一致的时候，他总是把对方讲到无言以对。对方在陈述自己的过程中，他总是摆出一副审判官的姿态，对对方的看法吹毛求疵，从不认同对方的看法。他在工作上厉害是厉害，但很不受人欢迎。口头上被他击败的人，心里都盼着他什么时候也能够在众人面前出出丑。

其实，上司还算比较赏识这位同事，但当发现此人人缘太差、没法和大家进行团队合作的时候，对他的评价就大大降低了。

有位智者曾说过："每个人，都是自己那片小领土的国王。"国王的特点是什么呢？就是偶尔会愿意听听别人的意见，这是在当别人的意见刚好和自己的一致的时候。

既然每个人不分大小、无论贵贱，都是自己那片领地上的国王，那么每个国王都有着自己的想法，因此大家意见不一致的时候就实在是了。

其实，当我们不同意他人的时候，完全不必像冰冰那位好辩的同事那样，以审判官自居，硬是要对方认错服输。这对事情的进展并没有什么实质性的帮助。我们可以暗示，可以委婉地提醒，如果对方不是过于迟钝，肯定能够听得出我们的立场。反过来，当我们遇到了很强势、非逼我们认输不可的人，如果认个输、服个软并不会违背我们做人的原则，我们不妨一笑了之，把那个无所谓的胜利让给对方。这会显得我们宽宏大量，对方也会很乐意与我们进行更进一步的交往。

下面我们来看一个善于倾听、尊重别人的想法和意见的故事。

在一家珠宝店，一个女人花了好几个小时挑选自己喜欢的戒指，结果批评的意见是提了不少，戒指却一只都没看上。她不但不断地指使销售员拿这个、拿那个，还当着其他顾客的面喋喋不休地发了一通"这只戒指的成色太差"、"这只戒指的定价不合理"之类的抱怨与牢骚。

销售员试图向这个女人解释，但招来的却是更多的抱怨与牢骚。

这时，珠宝店老板来到了大厅，看到那个满腹牢骚的女人，他并没有做什么表示，而是像一个听话的小学生一样，一直站在旁边听那女人发表"高论"，一声都没有吭。

直到那个挑剔的女人说完了，店老板才不疾不徐地说："看得出，您对戒指是有相当研究的，对不起，请您稍等一会儿。"

然后他让售货员取出一只价格不菲的戒指摆在那女人面前，说："我想这只戒指是最能够衬托您的高贵气质的。"

那个女人一听这话，半信半疑地把戒指戴上。的确，大小、颜色都与她很是相配。

结果，那挑剔的女人满意地说："这个戒指好像是专门为我量身定做的一般。"最后，满意地付账离开了。

其实，那位老板最后让售货员拿出的那只戒指，实际上是那位挑剔的女人早就试过却又下不了决心购买的。

也许，那个女人已经去了好几家珠宝店，可就是下不了购买的决心。因为没有谁懂得她的心，也没有谁愿意听她抱怨，更没有谁能在她抱怨后，适时地给她一个建议。

那位店老板对顾客的消费心理是有着一定的了解的，他知道那位女人需要的是倾听、尊重与肯定，于是，他投其所好，没花多少时间，没多说几句话，就说服了那个挑剔的顾客。

我们再来回顾一下这位店老板是怎样做的：首先是倾听。他一声不响地站在顾客身边，让其说个够；其次，表示肯定、称赞对方：看得出，您对戒指是有相当研究的；最后，给出恰当的建议：我想这只戒指最能衬托您的高贵气质。

其实不管是谁，无论如何挑剔，如果他能够感受到他人对自己的尊重与肯定，比如自己的牢骚有人乐意倾听，自己的想法有人能够理解。这样他们的心理便会感到满足，所有的不满、不平、反感等消极负面的情绪，就会慢慢消失。到最后反而不再怎么坚持自己的意见，而是更倾向于接受对方的意见。

第十章
**情感传递：
寻找到连接彼此情感的纽带**

　　交往贵在真诚，否则就失去了交往的
意义。将心比心，以诚对诚，交付真心，
赢得别人的真挚友谊，达到情感上的真挚
交往。

不容小觑的称呼

与陌生人的初次见面，适当的称呼能够促进双方顺畅交流。

学会与人沟通，就要学会恰当地称呼对方。每个人都希望得到他人的尊重，人们比较看重自己业已取得的地位。对有头衔的人称呼他的头衔，就是对他莫大的尊重。一些人正是因为叫错了他人的称呼，让自己失去了机会。无论是新朋友还是故交，一见面就得称呼对方。直呼其名仅适用于关系密切的人之间。一般来讲，关系越密切，称呼越简单。直呼其名来得更亲切些，但若是在公众和社交场合，你还是称呼他的头衔会更得体。

在人际交往活动中，对人的称呼一般可以分为如下几种：

1. 行政职务

这一般是在较为正式的官方活动，如政府活动、公司活动、学术活动等场合中使用的。如"王局长"、"张总经理"、"李董事长"，等等。

2. 技术职称

如"张总工程师"、"刘会计师"等。一般来说，这样称呼人，说明被称呼者是该领域内的权威或专家，暗示他在这方面是数一数二的。

3. 学术头衔

这跟技术职称不太一样，这类称呼实际上表示的是那些人在专业技术方面的造诣如何。如"教授"、"博士"等。

4. 行业称呼

"警察先生"、"解放军同志"、"护士小姐",等等。在不知道对方的职务、职称等具体情况时,一般可采用行业称呼。

5. 泛尊称

它是指对社会各界人士在较为广泛的社交场合中都可以使用的表示尊重的称呼。比如"先生"、"小姐"、"夫人"、"同志"等。在不知道对方姓名及其他情况,如职位、职称、行业的时候可采用泛尊称。

除此之外,有时候还有一些称呼在人际交往中可以采用,比如"叔叔"、"阿姨"等。你这样称呼别人,并不意味着对方就一定是你的亲叔叔、亲阿姨,这只是一种敬称。

在国与国之间的交往中,因为国情、民族、宗教、文化背景等的不同,称呼也就千差万别。这个时候,我们一是要掌握一般性规律,二是要注意国别差异。

在美国、英国、加拿大、澳大利亚、新西兰等以英语为母语的国家里,人们的姓名一般由两个部分构成,一般是名字在前,姓氏在后。对于关系比较亲密的人之间,不论辈分可以直呼其名而不称姓。俄罗斯人的姓名由本名、父名和姓氏三个部分构成。妇女的姓名在婚前使用父姓,婚后使用夫姓,本名和父名往往不变。

日本人的姓名排列顺序和我们中国人的一样,不同的是姓名的字数比较多。日本妇女在婚前使用父姓,婚后使用夫姓,本名不变。

我们在与陌生人接触的时候要特别注意,称呼对方时一定要亲切、自然、准确、合理,不可乱叫。在使用称呼时,一定要注意避免如下几种错误的做法。

1. 没有称呼

这也就是说不称呼别人,就开始没头没脑地和人家搭讪。这种做法要么令人反感，要么会引起误会，所以千万要竭力避免。

2. 替代性称呼

替代性称呼就是非常规性称呼代替正规性称呼的称呼。比如医院里的护士喊病人"××床"，服务行业称呼"几号"、"下一个"等，其实这都是不礼貌的行为。

3. 易引起误会的称呼

因为地域、民族、文化背景等的不同，有些容易引起误会的称呼最好不要使用。比如我国，有一个很传统很常见的称呼就是同志。但是在国外，同志则有另一层特殊的含义——同性恋。

4. 不合适的称呼

比如叫"李局（长）"、"张处（长）"，一般不会引起误会；但如果叫"王校（长）"、"李排（长）"，就会很容易产生误会。

5. 错误的称呼

常见的错误称呼通常都是由误读或误会造成的。误读也就是念错姓名。为了避免这种情况的发生，对于不认识的字，事先要有所准备；假若是临时遇到，就要谦虚向人请教。误会，主要是对被称呼者的年纪、辈分、婚否以及与其他人的关系做出了错误的判断。比如将未婚妇女称为"夫人"，就属于误会。相对年轻的女性，我们都可以称其为"小姐"，这样对方也乐意听。

6. 不通用的称呼

有些称呼具有一定的地域性。比如山东人喜欢称呼他人为"伙计"，但在南方人听来"伙计"就是"打工仔"。

7. 不恰当的称呼

我们可以称呼工人为"师傅"，可以称道士、和尚、尼姑为"出家人"。但如果用这些去称呼其他人，说不定还会让对方产生自己被侮辱的感觉。

8. 庸俗的称呼

有些称呼在正式场合不要使用。例如，"兄弟"、"哥们儿"之类的称呼，虽然听起来亲切，但显得很没档次。

总之，称呼是我们与人打交道的开始。慎用、巧用、善用称呼，有助于我们赢得别人的好感，进而有助于我们达到与人交往的目的。

欲识真人，必付真心

抱着冷漠，便与真心擦肩而过。

真诚在字典里的意思为：真实、诚恳、不虚伪。我们每个人都希望交到真诚的朋友，希望他人能以真诚的态度来对待自己。但我们在希望他人对自己真诚之前，我们要做到对自己真诚、对朋友真诚。毕竟，真诚地与他人交往，才能真正地看到一个人的为人，看清他的真面目。

十几年前，都曾获世界首富殊荣的比尔·盖茨和沃伦·巴菲特是两个互不相干的人，彼此只是听说过对方的姓名，却不曾认识，两人之间甚至还有着很深的偏见。盖茨认为巴菲特顽固、抠门，靠投资发财，不懂运用时代的先进技术；巴菲特则认为盖茨不过是运气好而已，靠先进的科技赚了一大把钱罢了。但是，后来他们成了商场上为数不多的莫逆之交，巴菲特曾多次公开说，此生最了解他的人就是盖茨了，而盖茨则尊称巴菲特为自己人生的导师。

这种转变始于他们在1991年春天的首次交往。那天，盖茨收到了一张邀请他参加华尔街CEO聚会的请帖，而主讲人就是巴菲特。他对此很是不屑，随手就把请帖丢到了一旁。盖茨的母亲看见了，微笑着劝儿子说："我倒是觉得你应该去听一听，巴菲特有今日的成就，肯定有他的过人之处，他或许恰好可以弥补你身上的不足呢。"盖茨觉得母亲的话有道理，便决定认识一下这位长他25岁的前辈。

在会议室，巴菲特见到盖茨后，十分傲慢地说："你就是那个传说中非常幸运的年轻人啊。"盖茨是捧着自己的一颗真心来结交巴菲特的，当然他没有与巴菲特针锋相对，而是很真诚地鞠了一躬，"我是来向前辈您学习的，请多多指教。"这一举动完全出乎巴菲特的意料，他心里不由得对盖茨顿生好感。

离会议开始还有一段时间，巴菲特和盖茨特意坐到了一起，一个说，一个听，彼此聊起了自己的童年以及对世界经济的看法。两人惊奇地发现，他们之间有着太多的共同点，都是白手起家，都热衷于冒险，都敢于犯错误……不知不觉中，一个多小时就过去了，言犹未尽的巴菲特被催促着来到演讲台上，他的开场白居然是："在开始讲话之前，我想说的是，今天我第一次和比尔·盖茨交谈，他是一个比我聪明的人……"

随着交往的逐步深入，盖茨逐渐认识到巴菲特是个难得的"真人"。他并不是人们所说的一毛不拔的"铁公鸡"，相反，对金钱有着非同一般的深刻见解，他说："财富应该用一种良好的方式反馈给社会，而不是遗留给子女……"

巴菲特的家庭生活幸福美满，每当妻子有困难的时候，他都会守候在她的身边，为记录3个孩子的成长经历，他坚持写了30本日记；他不但支持妻子从事慈善事业，而且身体力行，计划在自己离世后，将全部的遗产留给妻子，由她把这些钱捐献给社会；他对待朋友十分真诚，乐于助人，他的人格魅力往往能够打动每一个与之交往的人……

在巴菲特看来，盖茨是个年轻有为的"真人"。2006年6月15日，盖茨宣布自己将逐步退出微软，专心从事慈善基金会的事业。紧接着，6月25日，巴菲特因为妻子苏珊的过早离世，决定把370亿美元的财产捐给盖茨的慈善基金会。他情真意切地说："我之所以选择盖茨-梅琳达慈善基金会，一方面是因为我认为它是世界上最健全的慈善组织，另外就是我十分信任盖茨和梅琳达（盖茨的妻子），他们是我最好的朋友。"

人与人之间的那些偏见，使他们不能看到对方的"真面目"，往往都是因为彼此没有真心交往、主观臆测造成的。假若我们对一个人先入为主，抱着冷漠和过分警惕，甚至"老死不相往来"的态度，即便是像盖茨和巴菲特这样杰出、智慧的人物，也有可能对真正值得交往的人心存疑心，从而与之擦肩而过，留下终生的遗憾。如果我们是因为这样而错过了我们一生中可能再也结交不到的真心朋友，那将是一件让人十分痛苦的事情。

只有积极与人交往，真心与人交往，才有可能交到真心的朋友，正像比尔·盖茨的母亲所说的那样，"他或许可以弥补你身上的不足呢"。

生命就像一棵枝繁叶茂的大树，独自成长只能品尝到一种果实，假若能够将自己的果实真心地捧到别人面前，又愿意让别人的枝条伸到我们自己的世界里，就会分享到更多香甜可口的果实——这就是积极与人交往、真心与人交往的奥秘和价值所在。

有原则的"合群"

要想拥有融洽的人际关系，就要学会与不同性情的人相处。

　　无论是在家庭、学校里，还是在社会上，我们难免会遇到各种不同性情的人。人在短暂而又漫长的一生中，不知要和多少人打交道，尤其在现在这个网络信息技术高速发展的社会，各种信息的传播渠道拓宽了，人们的社交活动也频繁了起来。由于学习、工作和生活的需要，我们每个人都不可避免地要与不同性情、不同职业和不同思想的人接触。为了能够更好地与人相处，我们就必须学会与各种性情的人打交道。

　　在日常的工作与生活中，我们会看到这么一种现象：因性情孤僻而导致"不合群"，"急性"人与"疲沓"人很难说到一块儿去，"快人快语"者和"慢条斯理"者凑不到一起，"温文儒雅"者同"生龙活虎"者难聚在一处。其实，这种现象无论是对生活、工作还是交际都是一种极为不利的因素。

　　我们怎样才能够让自己"合群"呢？一般说来，应注意如下几点：

　　1.树立对等的观念

　　我们一般所说的"合群"，指与他人通过心理上的相互接纳而保持对等的交往，也就是通常所说的"合得来"。所以，要想跟人"合群"，首先要能够平等地去对待别人，千万不要有等级观念。如果你因为某人或某类人粗俗、缺乏教养、没有文化，而看不起他们，在任何场合都不愿意与他们接触，这就是不平等的心理在作祟，那样只会导致彼此间的对立和隔阂。实际上，一个瞧不起他人的人，也一定会被人瞧不起，甚至遭人唾弃。

因此，即便你不喜欢他人的生活方式或习惯，最好还是学会尊重他们并与之平等相待，一定不可有鄙视的心理，不要自认为与不如自己的人交往有失体面。

2. 试着对他人感兴趣

奥地利著名心理学家阿尔夫·阿德勒曾说过这么一句话："对别人不感兴趣的人，他一生中的困难最多，对别人的伤害也最大。"事实证明也是如此，一个你不感兴趣的人，你与他是绝对不会和睦相处的。因为不感兴趣就会导致感情上的疏远，感情一旦疏远就会产生心理上的隔阂，有了隔阂便会针锋相对，这样就会使你越来越被孤立，你就会失掉别人对你的关心和帮助，成为一个可有可无的局外人。

所以，要想摆脱孤独，与人"合群"，就要学会从内心深处真诚地对人感兴趣，要从一些生活细节上表现出对别人的热情与关注。比如，要留意对方的生活和工作情况，看看有没有需要你帮助的地方；记住对方的生日，到时和他说一声"生日快乐"；对方工作取得了成绩或得到了提拔，记得道一声"祝贺"；对方遇到了困难或麻烦事，要去表示一下安慰等。这样在多次的接触中，就会增进彼此间的友谊，对方也会觉得你很关心他而对你产生感激心理，并主动与你交往。

3. 以一颗宽容的心待人

古人云："水至清则无鱼，人至察则无徒。"这句话也就是说，水过于清澈，鱼就不会存在；人过于苛责，就不会有朋友。一个人如果过于孤芳自赏、自命清高，把别人都看作是自己眼里容不下的"沙子"，他是很难"合群"的，不管是在工作上，还是生活上，都会遇到不少的困难与阻碍。

4. 懂得尊重和理解对方

人们常说理解万岁。在人际交往中，理解是交际的基础，只有在相互间充分理解的基础上，彼此才能够心心相印、志趣相投。当然，理解是建立在尊重的基础上的，没有尊重也就谈不上理解。

尊重他人，首先是尊重他人的意见。在与人交往的过程中要善于听取他人的意见，相互取长补短，只有这样才能增强彼此的情感。其次，要尊重他人的生活习惯。一个人的生活习惯是多方面因素综合所产生的结果，一般是很难改变的。一个人的生活习惯对社会和他人一般没有直接的利害关系。通常来说，有什么样的性情，就会有什么样的生活习惯。可以说，尊重别人的生活习惯也就是尊重别人的人格。

5. 找到与他人之间的"共鸣"

人与人之间在性情和志趣上虽存在着很大的不同，但也有共同之处。同则通，共同的兴趣和爱好就像是黏合剂，能将人"黏"在一起，共同的目标和志向就像是指路明灯，能使人走到一处去。所以，一个人是否合群的关键就在于他能否找到与他人之间的共鸣点。

因此，在人际交往的过程中，要尽量找到双方的共同点，使彼此产生心理上的"共鸣"，以减少影响交际的负面因素，把相互间相悖的性格特点放在交际的次要位置，求大同存小异。比如，交际的双方都爱好文学，喜欢写文章，但双方在性情上存在着很大的不同。对于这种情况，就要以前者作为交往的出发点，用共同的爱好来产生"共鸣"，这是双方"合得来"的前提。如果把共同的爱好弃置在一边，而在不同的性情上去相互指责与计较，就会使本该合得来的双方变得"合不来"。我们应该多看看他人与自己的共同点，而不应该一味计较与自己不同的对方。只有这样，我们的人际关系才能融洽，我们才能够"合群"。

当然，"合群"也要以自己做人的原则为准则，如果是"同流合污"，最好还是不"合群"的好。只有建立在道德文明基础上的"合群"，才能够长久地维持下去。

熟知对方的说话方式

> 交谈的本质并不单单是你一句我一句地轮流讲话，而在于彼此呼应。

真正成功的对话，应是双方相互应答的过程。如果我们能够在自己的说话中适当引用和重复对方说过的一些话，像对方的口头禅之类，这样，对方就会觉得我们很尊重他，彼此间在心理上的距离也就拉近了。这样双方就能愉快地谈成很多事情，使人清楚地明白自己的意图。不会说话的人，不能完全地表达出自己的意图，往往会使对方费神去听，而又不能使他信服地接受。

会说话的人，总能利用对方的口头禅等，清晰地表达出自己的意图，把道理说得清楚、明白，甚至动听，使别人乐意接受。有时，我们可以通过对方的问答，洞悉对方言语的意图，并从对方的谈话中得到一定的启示，增加自己对对方的了解，与对方建立良好的友谊。

约瑟夫·乔特是纽约律师界的权威人物，多年来，他的雄辩家地位一直无人能够动摇，他的秘诀究竟是什么呢？

约瑟夫·乔特去一个以制造陶瓷为主要科目的艺术学校演讲。在这个学校演讲的一开始，他就说自己是校长手里的一堆"陶土"，接下来，他就开始讲述陶瓷简史。

约瑟夫·乔特就任一家钓鱼俱乐部的主席之位，进行演说的一开始，他就把自己比喻成被俱乐部的职员放进来的一条"怪鱼"，或许，他这条"怪鱼"会让他们钓鱼失败的。这样打趣自己之后，接着他才开始讲英国渔业委员会在繁殖江河鱼类方面做出的突出业绩。

约瑟夫·乔特在英国的一所学校里演说时，列举了许多从这个学校走出去的大人物，以此来证明在教育方面英国的巨大成就。

当然，有关约瑟夫·乔特的演说总是集中在他人所熟识的感兴趣的事物上的例子还有很多。他正是运用了熟知对方的语言方式这一策略而赢得极大的成功的。

《纽约论坛》著名的编辑阿莫斯·科明能在报界获得一份称心的工作，也是运用了这一策略。

阿莫斯·科明在18岁时第一次到纽约去，原本只想到一家报社去做编辑。当时，纽约有数以万计的失业人员，几乎所有的报社都被求职的人员给挤满了。在这种情况下，科明是很难实现自己的愿望的。

年轻的科明曾在一家印刷厂做过几年排字工人。这是当时他所有的也是唯一的工作经验。

但是，他知道，《纽约论坛》的老板荷拉斯·格利莱和他一样，年轻的时候也在印刷厂里做过学徒，所以，他抱着试一试的心理先去了《纽约论坛》。

科明心想，格利莱一定会对与他有相似经历的应聘者感兴趣的。在去参加面试之前，他还找到熟悉荷拉斯·格利莱的人了解了他的性格、爱好、口头禅等，以备不时之需。

结果证明他是对的，他真的被录用了。

上述故事中的科明正是利用了格利莱以前的经历而最终获得了求职的成功。

在与人交往的过程中，当我们想让对方对我们产生好感并相信我们时，我们就要从对方的经验和需要入手，运用对方最熟悉的语言方式，慢慢地去接近他们，用他们的习惯用语表述我们自己的想法，并适当地重复一下对方的口头禅，往往会收到意想不到的效果。

永远都要懂得换位思考

换位思考既是一种理解，也是一种关爱。

在日常的生活与工作中，无论是与家人、朋友还是同事相处，都需要相互理解。理解他人的前提之一就是我们要能够站在对方的立场上看问题，学会换位思考，多为对方着想。我们每一个人都是一个独立的个体，因为性格不同、经历不同、思维不同，在接人待物和处理问题上，都难免会存在一定的差异。在日常的生活或工作中，一些鸡毛蒜皮之类的小事往往成为矛盾的导火索，这就是缺乏理解的结果。假若我们能够设身处地地为对方想一想，做一个"假若我是对方，我会怎样说、怎样做、怎样思考"的假设，很多不必要的矛盾与冲突就会消失得无影无踪。

要做到站在对方的立场上思考问题，就要理解对方的心理状态，就要学会换位思考。

心理学上有个名词，叫"同理心"，也就是说要将心比心、设身处地地为人着想，感同身受地理解及体会对方的处境与感受，并适度地回应其需要。具有"同理心"的人往往能从细微处体察到他人的需要。"同理心"用我们通常的话来说也就是换位思考。

换位思考是我们理解他人的基础，面对着可能出现的矛盾与冲突，我们不妨把自己想象成对方，学会站在对方的角度、立场、处境中去观察与思考问题。

换位思考的前提是换位，要准确地把自己换到对方的位置上，如果换不到位，或是换错了位，我们的思考就达不到应有的效果。换位思考的目的是思考，假若只换位而不思考，换位思考就只是徒有虚名。

1940 年 10 月 23 日，球王贝利出生在巴西一个贫寒的家庭里。他的父亲是一个因伤退役的足球运动员，贝利在很小的时候就显示出了非凡的足球天赋。他常常踢着父亲为他用袜子、碎布和破报纸特制的"足球"进行练习。

就这样，渐渐地，贝利有了点小名气，结交的同龄球友多了，也沾染上一些坏习气，比如吸烟。

一次，贝利在街上找人要烟抽，被他的父亲发现了，他父亲没有对他大发心中埋藏的怒火，而是心平气和地告诉他："虽然你这个年纪抽烟的孩子不少，可能抽烟会让你感觉到自己真的长大了，是个男子汉了，但是，如果你想成为一名优秀的足球运动员，就必须要远离烟草。"

说完这些话，他父亲递给他几张皱巴巴的纸币，说："你如果真想抽烟，还是自己买的好，总跟人家要，太丢脸面了，你买烟需要多少钱？"

贝利感到惭愧至极，眼睛湿湿的，表示再也不吸烟了。后来，贝利就再也没有抽过烟。他凭借着自己的勤学加苦练，终于成了一代球王。

在上述故事中，球王贝利父亲的换位思考就做得非常好，也非常成功。

一个人只有心胸宽广，才能容得下别人容不了的人和事。当遇到别人误解自己的时候，宽宏大量的人不急不躁，相信自己能够向对方解释清楚，即便是对方不听解释，他们也是一笑了之，让时间去证明一切。他们不会因为别人的误解而恼羞成怒，相反，他们把别人对自己的误解看成是无心的，只是一时的冲动罢了。这样的宽容往往换来的是朋友更加诚挚的友情。

站在对方的立场上考虑问题，给对方足够的理解，这是为人处世的一种方法，更是一种智慧、一种境界、一种爱护、一种体贴、一种宽容。很多事情往往述说起来容易，做起来难。我们都有被人"冒犯"与"误解"的时候，假若我们对此耿耿于怀，心中就难免会有解不开的"疙瘩"；假若我们能深入体察一下对方的内心世界，或许就能够达成一致意见，形成共识。

第十一章
细节决定成败：
于细微处润物无声

你相信细节的力量吗？仔细研究我们不难发现，成功者都十分重视细节。人际沟通中不能忽视细节的力量，比如能够记住他人的名字，你的眼神中包含的信息，打招呼方式，肢体语言，等等，这些细节至关重要。

记住对方的名字

几乎所有人都对自己的名字感兴趣。

提起名字，我们一点都不感到陌生，因为我们人人都有名字，就连《鲁滨孙漂流记》里那个小野人还有个名字叫"星期五"呢。

人对自己名字的关注往往要多于对别人名字的关注，所以，记住别人的名字在人际交往中就显得非常重要了。也许有人要问，记住别人的名字有那么重要吗？

当然很重要。我们中国人历来就十分重视名字，为了能够给自己的孩子取一个好听又有意义的名字，不少家长咨询名人，翻遍字典。在我们中国人的心目中，名字绝不是一个没有实际意义的符号，其实在国外也是如此。

能够牢记对方的姓名，既是一种处世的基本礼仪，也能让对方对自己产生一个良好印象。能够记住对方的姓名可以在交际场中派上大用场。在生活中，在和别人交谈的时候，别人对自己十分熟悉，热情如火，而你却叫不出对方的姓名。碰到这样的情况，不仅会让你十分尴尬，更会让别人感到失望。

正因为名字对一个人来说有着非同寻常的意义，所以我们铭记别人的名字就显得更加重要了。成功学大师卡耐基曾说过："不论在何种语言中，一个人的名字是他所能够听到的最甜蜜、最动听的声音。"名字虽然仅由几个简单的字词组成，但它却是通向人们心灵深处的通道之一。试想一下，如果在一个陌生的场合，我们轻松而亲切地叫出了别人的名字，对方一定会感到十分地惊讶和感动——在对方看来，我们只不过是面熟而已，也许他早已不记得彼此在什么地方见过面了，但是我们居然能够叫出他的名字，这无疑就告诉了对方这样的讯息：你对他很关注。这样一来，我们和对方的距离就拉近了。

铭记别人的名字，可以让我们获得更多的尊重。记住了对方的名字，我们就可以避免在遇到对方时直呼"喂"、"哎"、"我说那个谁"这些不礼貌的用语了，要知道，这样称呼别人是很伤人自尊的，我们伤了对方的心，对方又怎么会尊重我们呢？

有人或许会说："我知道记住一个人的名字很重要，可我的工作太忙了，根本没有时间去记这些名字，而且我的头脑似乎对记这些名字也十分不敏感，有时候提醒自己一定要记住，可见了人家，还是叫不出他的名字，这该怎么办呢？"

没关系，我们来看看拿破仑三世的办法，或许可以帮到你呢。

拿破仑三世是拿破仑的侄子，他曾经得意地对人说，即便他日理万机，仍然能够记得每一个他所认识的人的名字。其实，他的方法非常简单。假若他没有听清对方的名字，就会说："很抱歉，我没有听清楚，您能重复一遍吗？"假若对方的名字很不寻常，他就说："您能告诉我您的名字是怎么写的吗？"

在和对方的交谈中，拿破仑三世会有意地把那个人的名字多说几次，试着在心中把它跟那个人的特征、表情和容貌联系在一起。假若对方是个大人物，他就要更进一步。等到周围没有人时，他就把那个人的名字写在一张纸上，认真地揣摩，全神贯注地牢记在自己心里，然后就把那张纸撕掉。这样做，他记住的就不仅是抽象的名字符号，而是活生生的有眼睛、有耳朵的他人的印象。

你一定知道美国的钢铁大王卡内基吧？但你知道卡内基是怎样成功的吗？我们来看一下他传记中的一个片段：

这个苏格兰男孩曾经得到过一只母兔子，饲养了没有多久，这只母兔子便产下一窝小兔。

当时正是农忙的时候，分不出人手去给小兔子找饲料。于是，卡内基想出了一个聪明的办法。他召集邻近的小孩，并对他们说："如果谁能找来小兔子的饲料，那么就用他的名字为小兔子命名。"这个办法果然十分奏效，而这件事也让卡内基记忆深刻。

多年后，在他经营自己的产业时，把这种用他人名字命名的技巧运用到了工作中，这给他带来了上百万美元的收入。当他想向宾夕法尼亚铁路局出售钢轨时，就提前收集有关这个铁路局的资料。不久之后，卡内基在匹兹堡建造的钢铁工厂，是以宾夕法尼亚铁路局长汤姆的名字命名的。

那么，请猜猜看，当宾夕法尼亚铁路局采购钢轨时，局长汤姆会向哪一家公司购买呢？

正是凭借着高度的记忆力及善用他人姓名的做法，卡内基最终总结出了一套为人处世的秘诀。他最引以为自豪的就是，能叫出大多数下属的名字。他常得意地说，在他任职期间，公司从未出现过罢工的情形。

卡内基的成功经验告诉我们，记住别人的名字是我们走向成功的第一步。可能有人会觉得这是小题大做，但我们不得不承认，这是因为现代社会中人们希望被尊重、被认同的心理越来越强。既能使对方有被尊重的感觉，同时又能赢得对方的好感，我们所做的只不过是记住一个名字，这样简单而又有意义的事情，我们何乐而不为呢？

交谈中不可三心二意

每一个人的内心深处都有一种被人倾听的需要。

人是世界万物中唯一有自我的动物,人类的伟大之处就在于我们是一群会思考和反省的生命。人正是因为有了独立的思想,所以需要时时与外界沟通,需要在别人的肯定中去完善与升华自己。也就是说,其实我们每一个人的内心深处都有一种被人倾听的需要,我们被人倾听了、关注了、理解了,才能够体验到自身存在的价值。所以,学会倾听别人是相当重要的,即便是别人谈论的话题我们不喜欢,我们也要认真地倾听下去,因为这是交际中的必需。

当我们和一个我们不喜欢的人交谈时,或者对对方的话题根本不感兴趣时,我们本能地会想把自己的注意力转移到别的地方,这是我们正在走神的预示,当我们在左顾右盼、东张西望时,其实潜意识里是想给自己寻找一个逃避的出口,而这个时候我们的眼神会准确无误地将这个信息传达给对方。所以,为了避免引起对方不高兴的负面情绪,在交谈过程中,我们千万不可三心二意、心猿意马。只有在交谈过程中适时地和对方进行目光交流,才会让对方感觉到我们看起来更加真诚可信。

在交谈中,我们要做到恰到好处,既要不卑不亢,又要热情谦虚、温文尔雅和富有幽默感,这样的谈吐才能给人留下深刻印象。

谈话时不盛气凌人、不自以为是,即使你是一个很有学识的人,也不要轻视别人,要用心倾听别人的意见。更何况"智者千虑,必有一失;愚者千虑,必有一得"。别人的意见不见得全不可取，自己的意见也不见得全都可取。如果你随时以高人一等的口吻或专家的姿态出现，好像处处要教训别人，这样只会使别人反感。

当然，交谈时有自卑感也是不可取的。一个对自己失去信心的人，是难以得到别人的重视和信任的。比如在交谈中，你处处都表现得畏畏缩缩，说什么都不懂，或者是"驴唇不对马嘴"，显出一副未经世面、幼稚无知的样子，这也是很糟糕的。

自卑与谦虚，两者是大有区别的。谦虚的人在谈话中最受人欢迎，又不失自己的身份，更不会显得幼稚无知。"虚怀若谷"或"不耻下问"，这就是交谈中的谦虚的态度。明白地说，就是不自大自满，碰到自己在交谈中不了解的话题，不妨请对方作简单的解释。这种做法是聪明的，因为这样既可避免误解别人的谈话，又可表示出你赏识、尊重对方，这样，自然使对方也觉得你很可爱了。

交谈时诚恳、亲切的人是很受别人重视的。如果你碰到一个油腔滑调、说话华而不实的人，你一定会觉得异常不快，敬而远之，甚至会从内心里产生反感。自己的心情如此，别人的心情也是一样，因此，在社交的谈话中也须警惕注意。

与人交流中走神会给人留下十分不可信赖的印象。在注视交谈对象时，一定要注意避免眼神放空的现象，因为即便是你的眼睛还在盯着对方，你无神的目光也会告诉对方你的心思其实早已不在他所谈论的话题上。

大龄"剩女"李婷和大龄"剩男"刘志因为在选对象问题上太过挑剔，至今未找到合适的对象。某婚介机构在了解了两人的详细情况后，特地为两个人安排了一次见面。

在两人见面之前，婚介对李婷和刘志说了同样的一席话："这个人外部条件都很不错，只是有一个小小的不足，那就是他（她）的眼睛在幼年时代受过伤，所以眼睛可能看起来有点不太灵敏，但是一般情况下是看不出来的。"

结果，李婷和刘志在见面的时候都非常用心地去观察对方的眼睛，而两个人在约会结束时都对对方产生了好感，后来又见了几次面，加深了对彼此的了解，最后携手走上了红地毯。

婚后的某天，两人同时问起对方关于眼睛存在毛病的问题，这才发现原来两人的眼睛都很正常，没有丝毫的毛病，这是婚介机构的一个策略。因为两人都有挑别人毛病的习惯，所以婚介机构就试着将两人的注意力都集中在对方的眼睛上，长久的注视激发出了对对方的好感。

异性之间长久注视会产生微妙的情感变化，所谓"看对眼了"说的就是这个意思。好朋友间闹矛盾了，我们抱歉地看着对方的眼睛两分钟以上，就会发现对方的怒气会减弱很多。所以，如果我们想和交流对象之间产生亲密的情感，不妨尝试一下用心地、长久地看向对方的眼睛深处。

打断他人谈话是一种无礼的行为

任何人，都不会对随意打断他人谈话的人感兴趣。

　　他人的自我意识就好像是一个卫兵，站在他自己潜意识的入口，如果有人侵犯了其自我意识，他就会产生很强的抵触情绪。此外，随便打断他人说话或中途插话也是极其不礼貌的行为，这种人会让人感到厌烦。与人交际中，要想让别人喜欢我们、接纳我们，就必须根除随便打断别人说话的陋习。在与人交谈的过程中千万不要插嘴，如果有必要表明我们的意见，一定要插话时，就要熟练掌握一些说话的技巧。

　　某私营企业的老板正与几个客户在洽谈生意，谈得有眉目的时候，老板的一位朋友来了。这位朋友贸然插进了这么一句话："哇，我刚才在大街上看到了一个大热闹……"接着就滔滔不绝地说开了。老板示意他不要说了，而他却仍自顾自地在那儿说个不停。客户见谈生意的话题被打乱了，就对那老板说："你先跟你的朋友聊吧，我们改天再谈吧。"客户说完就抽身走了。就是因为这位朋友的胡乱插话，那老板损失了很大的一笔生意，对他那位朋友十分恼火。

　　在他人谈话的过程中，随便打断或中途插话，都是对他人极其不尊重的行为。但相当一部人都有着这样的陋习，结果往往在不知不觉间就破坏了自己的人际关系。

那些不懂交际礼仪的人总是在别人兴致勃勃地谈论着某件事情的时候，在说到关键处时，冷不丁地半路杀进来，让别人猝不及防，不得不中途停止。这种人往往不会预先告诉你他要插话了。他不管谈论什么样的话题，都会将话题转移到他自己感兴趣的方面去。这样的人常常会让人生出厌恶之感，因为随便打断别人说话的人根本就不懂得如何尊重别人。

英国哲学家培根曾说过："打断别人、乱插话的人，甚至比发言冗长者更令人生厌。"打断别人说话是一种非常无礼的行为。

我们每个人都会有情不自禁地想表达自己的时候，但假若不去了解别人的感受，不分场合与时机，就去贸然插话或抢接别人的话头，这样往往会扰乱他人的思路，引起对方的不快，有时甚至会产生不必要的误会。

比如，在某个大型的宴会上，我们时常可以看到我们的某个朋友和另外一个不认识的人聊得热火朝天，此时，我们可能就会产生想参与进去的想法。

我们往往不知道他们正在谈论的话题是什么，贸然加入，可能会令他们觉得很不自然，也许他们之间的话题就此中断。更糟的是，也许他们正在进行着一项重大的商业谈判，却由于你的加入使他们中的某一方与这笔交易失之交臂；也许他们正在热烈讨论、苦苦思索解决一个难题的方法，正当这个关键时刻，可能就会因为你的插话，导致他们想不出有利的解决办法，进而使场面变得极为尴尬。这个时候，大家一定会觉得你特别没有礼貌，进而大家都会对你产生反感的情绪。

当我们与上司交流时，更不能想当然地随便打断他说话，否则，他肯定不会给我们好脸色看。

我们的上司给我们安排工作的时候，一般会做出各项说明，中途插嘴表示

238

意见，除了让人觉得我们很无礼外，也显得我们蔑视上司。如果碰到性情比较急躁的上司，恐怕就会大声地呵斥我们："闭嘴，听我把话说完！"

我们每个人的讲话习惯都是不同的。有人喜欢从头讲起而显得过于冗长；有人追求全面而显得啰唆；有人想表达得简单而显得很笼统。不管我们是否习惯对方的讲话方式，都不应随便插话。即使对方在表达上没有做到我们想要的清晰无误、详略得当，或者存在着某种偏见和错误，我们也不要随便打断别人的思路而应该等对方说完。

许多富翁、权贵和名人都经常光顾斯帕克斯餐厅，因为它是纽约的一家标志性餐厅。

某天晚上，光临这里的最耀眼的一位人物是王牌大律师大卫·伯依斯，他刚代表美国司法部就控告某家大型企业违反反托拉斯法案做过精彩的辩论，在业界很有影响力。伯依斯到来后径直走向了凯文所在的餐桌前，他和凯文因为以前的案子而有过几次接触。

伯依斯加入到了凯文和汤姆的行列，3个人一起喝酒聊天。过了一会儿，凯文站起身来，到外面去接一个电话。餐桌前只剩下伯依斯和汤姆两个人，他们以前从未见过面，彼此都十分陌生，但伯依斯并没有离开，而是和汤姆聊了足足半个小时。

汤姆后来对凯文说："伯依斯先生真的是大家风范。他和我素昧平生，而且又是业界响当当的大牌律师，他根本不需要陪我聊那么长时间。说实在的，我并不是为他过人的智慧、犀利的言辞或者吸引人的逸闻趣事所折服，他给我印象最深的，就是他每问完一个问题，都在耐心地等待我的回答。他不只是在听，他还使我觉得，整个餐厅似乎只有我一个人在说话。"

故事中汤姆的最后一句话，极其完美地描述了在与人谈话的过程中不贸然打断别人的魅力。如果在汤姆与伯依斯交谈的时候，伯依斯时不时地打断汤姆的谈话，想必汤姆不会对伯依斯有如此高的评价了。

　　我们要想拥有一个良好的人际关系，就必须做到如下几点：

　　(1) 不可用不相关的话题打断别人说话；

　　(2) 不可用无意义的评论扰乱别人说话；

　　(3) 不可抢别人的话头；

　　(4) 不可急于帮助别人讲完事情；

　　(5) 不可为争论微不足道的事情而打断别人的正题。

　　在现实的工作与生活中，我们也可能会遇到这样的问题，即对方与我们说话的时间明显拖得太长，他的话不再吸引我们的注意力，甚至让我们有昏昏欲睡的感觉，他的话题越来越令人生厌，这个时候，我们就不得不中断对方的话了。但我们也不应贸然中断，我们应考虑在哪里结束交谈比较好，因为我们要照顾到对方的感受，避免给对方留下无礼的印象。

用眼神交流，以表赞许

有分寸的眼神接触同样能给人以强烈的震撼力。

希腊神话中有一则关于王后海伦的故事，据说她可以用迷人的双眼招来舰船；据说美国民族英雄戴维·克罗克特可以用目光逼退来势汹汹的黑熊。这些传说多少有些夸张的成分，但眼睛的确具有不容小觑的魔力。我们在与人交谈的时候，要学会在与对方进行言语交流的同时，也要用眼神与对方进行交流以表示赞许、尊重等情感。

热恋中的人们一般都喜欢深情地凝视对方，因为他们都知道"眉目传情"的魔力。相反，对于那些相互猜忌和缺乏安全感的人来说，频繁的眼神交流却是一种不怀好意的侵犯。

一般来说，在大多数的文化里，适当的眼神接触是十分重要的，特别是在恋爱的关系中。就是在不牵涉儿女私情的职场上，有分寸的眼神接触同样能给人以强烈的震撼力。

眼神接触对于良好人际关系的建立有立竿见影的效果，这是英国剑桥大学的研究中心已经发现了的。研究者要求两组异性志愿者进行两分钟的随机交谈。对于一组志愿者，要求他们数一下对方眨眼的次数，以此诱导他们与对方进行频繁的眼神接触。对另一组志愿者则不提任何诱导他们进行眼神接触的要求。

接下来的询问表明，那些被要求数眨眼次数的志愿者都反映说，觉得对方十分尊重、喜欢自己，虽然对方实际上根本不了解他们，只不过是数了数他们眨眼的次数。

一个学者曾用自己的切身经历说明，在倾听别人谈话时，用眼神对对方表示赞许十分重要。我们来看一下这位学者的经历：

有一次他给大约几百人作讲座，其中一个女子很快引起了他的注意。这个女子的外表并没有什么出众之处，但学者还是不由自主地注意上了她，好像这个讲座是专门给她一个人讲的似的。

为什么学者会这样认为呢？学者发现，在整个讲座过程中，这个女子的视线几乎没有一秒钟离开过他的脸。即便是在他陈述完一个要点，作短暂的停顿时，她依然如饥似渴地凝望着他的脸，看来是对学者的讲座十分感兴趣。

对这样的凝视，学者忍不住有些沉醉其中了。女子专注的态度和满意的欣赏，刺激学者回忆起很多本来已经淡忘的材料和问题，以至于以前讲得更好。

眼神接触除了能表达尊重和好感外，它还有另外一个重要的作用。频繁的眼神交流能给人留下干脆利落的形象。比起感性的人，那些思想深刻的人更能迅速地整合自己所捕捉到的信息，他们善于从他人的眼神看透其内心深处，他们不会因与他人对视而产生焦虑、紧张的情绪。

美国耶鲁大学的研究人员坦言说他们已经掌握了眼神接触的真理。他们的实验结果是：眼神接触越频繁的人，精神越是振奋昂扬。他们在实验中要求实验对象做一番自我展示的演讲，并要求听众与演讲者保持持续的眼神交流。

这个实验的结果是怎样的呢？研究人员发现，眼神接触对于男人和女人的影响是很不相同的，女人受到他人更多的目光关注的时候，容易对看自己的人产生较为亲密的情感。但并非所有的男人都会产生同样的感觉。当他们被别的男人看得太久的时候，有些男人会产生明显的敌意心理，有些男人则会产生一种被威胁的感觉。甚至还有一些人怀疑那些看自己的人是同性恋，他们试图勾引自己。

人对于他人的凝视会产生情绪反应是有着一定的生物学基础的。当我们凝视的目光投向某个人的时候，对方的心跳就会加速，同时会有一种使人感到兴奋的激素注入血管。这个生理上的反应和人们坠入爱河时身上发生的生理反应是相同的。我们要懂得适当提高自己与人眼神接触的频率，即使是在日常的工作和社交场合，人们也会有一种他们被你深深吸引住了的感觉。

用眼睛注视对方

注视，不是盯住。

我们在与人交谈的过程中，为了表示对他人的尊重以及显示我们自身的诚意，需要我们时不时地用眼睛去注视对方。但是，如果在整个接触的过程中，我们的眼睛一直死死地盯着对方的眼睛看，这样就显得很不好。对方不仅感觉不到我们对其的尊重，反而会认为我们很无礼。所以，在人际交往中我们应竭力避免这种情况的发生，以防给我们的人际关系带来负面影响。

一般来说，与人打交道时用眼睛注视别人有助于彼此间的交流气氛变得更为融洽。英国的迈克尔·阿盖尔是研究社会心理学和肢体语言技巧的先驱者，他发现欧美人在与人接触的过程中有 61% 的时间目光会保持注视对方的状态。并且，在两个人相互交谈时，假若 A 很喜欢 B，那么 A 就会时常向 B 投去十分关注的目光，而这种目光可以让 B 从中感觉到 A 对他的好感。

如果是在多人聊天的场合，我们可以很容易通过每个人目光注视的方向来确定他关注的是谁。假若 3 个男士和一个女士在一块儿聊天，很可能是 3 个男士都将自己注视的目光投向那唯一的女士，而女士可能会交替性地将目光看向 3 个男士，和他们进行独立的眼神交流。但是女士的目光一般会在自己较有好感的男士身上停留较长的时间，而且若仔细观察还会发现，女士在注视她心仪的那位男士时，她的瞳孔会不自觉地放大。

当两个人的目光进行第一次的接触时，总会有一方先把目光移开，先移开目光的一方往往是弱势的一方。比如，一个男人和一个女人第一次目光接触时，先移开目光的往往是温柔娴静的女人，而男人会坚持盯着女人看，颇有强势和征服的意味。

如果我们在表达自己的观点时，我们的交谈对象很长时间地注视着我们，我们表达完自己的观点后，他仍未将注视的目光移开，这往往会让我们有一种很不舒服的感觉。

因此，在交际中我们要学会真诚地用眼睛注视对方，但不要一直死盯着对方看。关于目光，我们需要注意如下几个方面。

1. 目光投向的位置不同，产生的情感就会不同

在我们和别人打交道的时候，有的人会让我们感觉到舒服、自在，有的人则会给我们紧张不安的感觉，甚至还有的人让我们觉得他一点儿都不可信，而所有感觉的产生都是从眼神的接触开始的，一个人目光投向的位置不同，代表了不同的情感，自然会产生截然不同的交流结果。一般来说，投向对方的两只眼睛和嘴组成的三角区域的目光，是让人感到最舒服的目光。

2. 暧昧目光投向的地带

我们通常认为集中在由对方的两只眼睛和嘴巴组成的三角区域内的目光是最适于社交的目光，是普通社交中我们应该注视对方的区域。而这个三角区域如果再向外扩大一些，目光投向的部位从对方的两眼之间往下延伸，一直到下巴以下的身体部位（比如对方的胸部、腹部等）组成的三角区域就是暧昧目光所投向的区域了。

男人在用暧昧的目光注视女人时，通常会将目光投向对方的两只眼睛与胸部构成的三角区域。

与男人相比，女人的目光注视的范围可能会更宽阔一些，她们暧昧目光的注视区域会相对扩大一些，她们的视点可能会下延至腿部。女人这种宽阔的视野可以让她们十分容易就将对方看得一清二楚而不被对方发现她的关注焦点所在。而男人很容易出现目光关注的焦点，例如将目光移至胸部、嘴唇等，这样的目光往往会遭到异性强烈的训斥与责骂。

3. 威严目光投向的地带

如果一个人目光所投向的区域是眼睛以上——眼睛和额头某一点构成的三角区域，他的目光就会给人以威严和压迫的感觉。领导在看自己的下属时往往会将自己的目光投向这个区域。在下属犯下某种错误时，领导还会更长久地凝视着对方，眼珠一动不动。这时，即使领导不发话，也已经让下属感到不寒而栗了。

目光投向这个区域会产生一定的威严感，在社交场合应有选择性地运用。在和别人初次见面的时候，假若想给对方留下友好和善的印象，最好不要将目光投向对方的两只眼睛和额头中心构成的三角区域，这种威严的目光会让对方十分地不安与紧张。当然，如果是遇到喋喋不休让你十分厌烦的人，用这种威严的目光表示抗议将会十分奏效。

坚定有力的握手

握手不仅仅是一种礼节，其中隐藏着诸多重要的信息。

握手是一种很重要的身体语言。通常来说，握手是表示友好的一种行为。通过握手可以拉近原本隔阂疏离的两个人之间的情感，可以加深对彼此的理解与信任。握手还可以表示对人的一种尊敬、景仰、祝贺、鼓励。当然，握手也能传递出一些人的淡漠、敷衍、逢迎、虚假、傲慢等。

握手在日常的工作与生活中，握手是一种经常使用的礼仪方式。它不仅可以用在人们相互见面和告辞时，还可以作为一种祝贺、感谢或相互鼓励的表示。它看上去十分简单，但却是我们与陌生人进行沟通、交流、增进关系的重要手段。

我们来看一则关于玫琳·凯化妆品公司创始人玫琳的故事：

在玫琳做推销员期间，有一次，销售经理召集员工们去开会。会议结束时，大家都希望可以同经理握握手。玫琳和大家一样也十分崇拜这位经理，但由于想跟经理握手的人实在是太多了，玫琳排队等了足足 3 个小时，才等到她与经理见面的机会。

然而，让玫琳极为失望的是，经理在同她握手时，根本就没有正眼看她一眼，只是用眼睛去看她身后的队伍还有多长。玫琳看得出经理很累，可是，自己也等了 3 个小时，同样很累呀！自尊心受到了极大伤害的玫琳暗暗地下定决心：假若有那么一天有人排队等着同自己握手，自己要把注意力全都集中在对方身上——无论自己有多累！

后来，玫琳创建了自己的公司，名气也慢慢地大了起来。她无数次站在队伍的前头同好几百人握手，常常持续好几个小时。不管有多累，她总会牢记当年自己排那么长的队等候同那位销售经理握手时所受到的冷遇。如有可能，她总会想方设法同对方说点亲热话——也许只是一句，如"你的发型很漂亮"或"你穿的衣服真时尚"等。

玫琳在同每一个人进行握手时，总是集中注意力，不允许有任何事情分散了自己的注意力。

正是玫琳与人这样的握手，使得数百人都觉得自己是世界上最重要的一员。她的公司就这样成为员工心中最重要的公司。

最近的一项新研究再次支持了关于握手的一贯看法，即一次有力的握手不管是对男人还是女人来说都有利于给对方留下深刻的印象。相关研究者发现，良好的第一印象确实与握手时的各种特点，如力量、激情、持续时间、目光交汇和紧握程度等有着实质性的联系。

正是出于这样的考虑，国外政治家在选举期间会大量外出与选民进行握手。这种借由亲肤关系的沟通方式，比起利用语言的沟通方式更具杀伤力。

握手不仅仅是一种礼节。当两只不同的手握在一起的时候，手指稍弯，也即握在一起，它会将我们内心的情感迅速地传递给对方。

有一年的圣诞前夕，在美国的一个珠宝店快要关门的时候，从外面进来了一位30多岁的男人。此人身着一套皱巴巴的西装，领带也没有怎么打理。他在珠宝店里到处转悠，一副心神不宁的样子。

终于，他将目光锁定在一枚钻戒上，要求店员把钻戒拿给他看一看。那店员是个姑娘，她稍微犹豫了一下，还是按他的请求拿出了那枚钻戒，递给了他。

在将钻戒放在手中观看了一会儿后，那男人把它还给了那位店员姑娘，但是，不知是姑娘没接好，还是客人有心刁难，钻戒一下子掉在了地上，不知滚到了哪里。姑娘连忙弯下腰查看柜台底下。这时感觉客人要走了，姑娘一下子好像明白了什么。她快走了几步，在珠宝店的门口追上了那个男人，伸出右手微笑着对他说："先生，祝您圣诞快乐！"

男子稍微停顿了一下，也伸出了右手，握住了她的手，笑着说："谢谢，也祝你圣诞快乐！"说完，他转身走出门外。这时姑娘感觉右手掌心多了个硬硬的小东西，定睛一看，原来是那枚丢失的钻戒。

故事并不是到这里就结束了。10年后的一个圣诞节前夕，还是在这家珠宝店里，一位40多岁的富商紧紧握住了珠宝店女老板的手："谢谢您，是您给了我自尊，给了我生存的智慧！"

眼前的这个富商，正是10年前的那个男人。而珠宝店女老板，正是当年的那个店员。

从上述故事中，我们不难看出，面对一个陌生人，当我们热情地握住他的手的时候，我们和他之间就已经开始了一段激动人心的交往旅程。

握手，看起来十分简单，但也有一些礼节是需要注意的。

1. 要注意握手的姿势

与人握手时，上身应稍稍往前倾，两足站正，伸出右手，距离对方约一步之遥；四指并拢，拇指张开。离对方太远或太近都是极其不雅观的表现，特别不要将对方的手拉近自己的身体区域内，这很容易引起对方的误解。

假若是掌心向下握住对方的手，则显示一个人强烈的支配欲，这是在无声地告诉别人：你比他高一等，应尽量避免这种傲慢无礼的握手方式；反过来说，掌心向上同他人握手，则显示一个人的谦卑与恭敬。

假若伸出双手去握别人伸出的手，就更是热情与恭敬的表现。平等而自然的握手姿态是两人的手掌都处于垂直状态，这是最普通，也是最常见的握手方式。

握手时最好上下摆动3~7下，而不能左摇右晃。当遇到比较熟悉的人或想与人进行深交时，为达到某种情感的效果，我们就可以伸出双手行握手礼。

2. 伸出右手与人握手

通常情况下，握手时要使用右手，这是一项不成文的规定，伸左手往往会显得很失礼。

3. 握手时间不宜过长

如果是初次与人见面，握手的时间不要太长，以3秒钟为宜。切忌握住人的手尤其是异性的手久久不松开，与同性握手的时间也不宜过长，以免让对方产生尴尬的心理。

4. 握手时的力度要适当

握手时的力度一定要适当，可握得稍紧些，以示对人的热情，但不可太过用力。一般来说，男士握女士的手应轻一些，最好不要握满全手，只握其手指部位就行了。

5个细节赢得人心

通过细节表现获得他人好感，也就赢得了人心。

我们要想成为一个颇受大家欢迎的人，让别人悦纳自己，我们首先就要具备高尚的品格，这样我们才能获得别人的尊重。然后在别人尊重我们的基础上，用得体的礼仪，点点滴滴地培养相互间的情感，以最大限度地获取别人的好感。

1. 赞美他人的"闪光点"

我们每一个人，即便是那些地位十分低微的人和非常悲观消极的人，都有令他们感到自豪的地方，这些使得他们沉醉的"闪光点"可能会很小很小，小得只有他本人心里才清楚，甚至连他本人自己也没发现。这些"闪光点"有可能是做一道拿手的糖醋鱼、折叠各种各样的纸飞机、会裁各种各样的剪纸、对民间故事、民俗民谚颇有研究等。假若我们对这些小小的优点予以称赞，对方肯定会感到异常兴奋。

称赞别人小小的优点比夸奖其人人皆知的优点往往更能收到意想不到的效果。

2. 铭记他人的"随意话语"

我们每个人所说过的话并非句句掷地有声。有些话我们说过了，过不了多久，连我们自己都忘了，或者不再去留意它了。这种随意的话语其实大有文章可做。

如果我们适时适地地提到一些别人以前说过的话，如："你说过……至今我还记忆犹新呢。"对方一定会因为受到我们的重视而异常兴奋，认为我们是一个细心体贴、善解人意的人，一个能成就一番大事业的人，一个懂得关心他人的人。如果我们不但记住了他人的随意话语，而且还按照他人的随意话语去办理某事，那样收到的效果会更好。

如果用心去观察，即便是"废金矿"，也能从中提炼出黄金来。学会留意并铭记他人的随意话语吧，它实际上就是一堆还未经过冶炼的"金矿石"，假如开采得当，"人缘黄金"会使我们十分富有。他人的随意话语虽说微不足道，但却大有文章可做。

3. 做点让他人"意外的小事"

有一家德国银行的广告世界闻名，它是这样写的：你过你的日子，我们为你照顾细节。

细节是什么呢？细节就是人们意料之外的小事。据说，那则广告发布之后，这家银行的可信度大大提高了。

并非只有一个组织或一个机构如此，对于人们来说，那些十分关注细节的人，能够适时做点让他人感到意外的小事会使人们十分放心，有谁不信赖这样的人呢？做点让他人意外的小事，也是提升我们自己形象的一个重要手段。

一位哲人曾说过这么一句话：任何细枝末节都具有非常重要的意义。既然这样，那我们就学着做点让他人感到意外的小事吧，这是对我们自身形象进行精雕细琢的重要举措。人们会因此而赞叹和欣赏我们。

4. 观察他人的"细微变化"

这个世界上没有谁不愿意接受别人的关心，也没有谁会对关心自己的人产生反感。所以，要想赢得别人的好评，就需要把我们对别人的关心适当地表达出来。

如果我们发现了对方在穿戴、容颜等方面的细微变化，最好能马上指出来。如果对方换了条新领带，我们不妨说声："这条领带你第一次戴吧，在哪儿买的啊？"他一定会高兴地接受我们的关心，对我们产生一定的好感。尤其是女性，非常注重自己的穿戴，一旦有人注意到了她服饰的变化，她必定会感到由衷的欣喜，这时彼此之间的距离也便随之拉近了。

不管是男是女，也无论是同性还是异性之间，任何两个人之间，如果不用提示，马上就能发现对方的细微变化，并且真诚地表达出来，这样一来，他们之间的感情肯定会十分融洽。所以，人们一定不要在交际对象身上粗心大意，应处处留心对方的变化，即便是极细微的变化也不要放过。

5. 修饰自己的"交际细节"

我们在与别人交谈的时候，不妨在兴奋时就适当地扬一下眉毛，严厉时就瞪大一下眼睛，对疑问处直率询问，听完后作一下简要复述。这样的话，我们就会给人留下头脑灵活、擅长交际的好印象。如果我们的动作得体、举止舒缓、仪态端庄、稳若泰山，那么就会给人留下优雅文静、淡定从容的好印象。对于别人的邀请，如果我们能拿出笔记本，认真地记下约会的时间和地址，那么别人就会认为我们是认真而又讲究信用的人。如果我们把约会时间由 8 点30 分改成 8 点 35 分，别人就会认为我们是个负责而且重承诺的人。

这些虽说都是交际上的细节，但因为我们加以修饰，所以提升了我们的交际形象。

即便是在很微小的细节上我们也不可随便，因为这很可能关系到我们是否获得成功，是否能够免遭失败。

关注交际中的一些小细节，就是润滑我们每日生活的齿轮，从而使我们事事顺利、处处顺心；关注交际中的一些小细节，就是给我们插上翱翔云天的翅膀，从而助我们一举成功；关注交际中的一些小细节，就是为我们的成功锦上添花。

学会重视日常交往中的小细节吧，那样我们在成功之路上的旅途就会短一些，阻碍也会少一些。

肢体语言

肢体语言的感染力是巨大的。

我们每天都会与人打交道，在与人沟通传递讯息的时候，虽然大部分是以口语为主，但也不可忘记了一个重要的非言语沟通方式——肢体语言。肢体语言完全是由个人内在的想法及情绪所控制的。所以要给人传达正面积极的情绪，除了随时注意多用话语给人鼓励、肯定外，也应适当地运用一些肢体语言。

肢体语言一般可分为自主性和非自主性两种。只要我们练就一身极具感染力的肢体语言，就能在半分钟内塑造初次与人见面时最佳的第一印象，更能够增加掌控局面的能力。

认真观察、深入了解不同肢体语言所代表的言语讯息，有助于我们正确地判断对方的意图，甚至影响对方的行为模式，使我们成为一个善用肢体语言的高手。关于肢体语言，我们应注意如下几个方面。

头部的动作可带动人身体的其他部位，因此我们很容易通过头部动作解读出每个人的内心想法。一般可将头部的高低角度分为上、下各10度和20度。

1. 头部上扬10度

这表示得意与自信，是一种良性讯号。小孩子一般最容易用到这个肢体语言，当他在叙述老师对他的赞美等内容时就会很自然地表现出来。当他人与我们交谈时，从平视开始，慢慢地将头抬高了10度，代表彼此之间的谈话得到了肯定。

2. 头部上扬 20 度以上

这表示不屑、骄傲、挑衅，是一种不良的讯号。当对方在我们说话的时候将头上扬到 20 度时，说明对方不认同我们所说的内容。而在讲话时将自己的头部抬高到 20 度以上的人，表示此人太过自信、十分自负，在政治人物中常可以看到这一点。这个肢体语言往往会误导观众，使人对他们的谈话内容产生极端的两种看法。

尤其当头部上扬 20 度，同时带动身体向上抬伸，甚至变成向后倾斜的姿势，这往往让人感受到一定的压力与距离感（特别是身材较高的人），更容易让人觉得有种瞧不起人的意味。

3. 头部向下低 10 度

这一般代表谦虚，是一种良性的讯号。我们在与人见面、打招呼的时候，把头低下 10 度就代表我们很谦虚、很有礼貌地欢迎对方，也就显得我们平易近人，没有什么架子。

4. 头部向下低 20 度

这往往代表怀疑、逃避、不专心，是一种不良的讯号。若是头部向下低 20 度则显得太过了，让人感受不到我们真诚的情意。

在头部上扬或下垂 10 度的范围内，连续做出来的就是我们通常所说的点头的动作，点头就是表示认同，只要是表现出认同的动作都是会受到欢迎的，尤其在倾听别人说话的时候，能够表现出面带微笑外加点头的动作，将是最佳的沟通者。

如果我们要成为一个优秀的领导者，点头动作是绝对少不了的，因为，当属下在与我们进行沟通的时候，若能得到我们点头微笑的认同，会促使他更积极地将他所有的意见全都表达出来；反之，假若我们心中虽然认同属下的想法，但却只是瞪着两只大眼睛一动不动地看着他，将会产生极大的相反效果，属下绝对不会将自己心里所想的全部说出来。

但假若我们听到对方不断地做出错误的陈述，考虑到语言的反驳可能带来的反效果，又不好直接打断纠正、制止，此时我们就可以用另一个肢体动作去回应，那就是"摇头微笑"。

"摇头微笑"这个实验在训练课程中曾被运用过无数次，无论一方如何批评，另一方只以微笑摇头来表达不认同，结果，批评的那一方就会自己讲不下去了。

"微笑点头"与"微笑摇头"，其实都是运用最浅层的催眠术，让对方在我们的微笑下进入轻松惬意的状态，然后在不知不觉中接受我们的指令，进而动摇其原来的观念与想法。

笑容是全世界最美丽、最动听的语言，假若能配合肢体语言一起表达，效果则会更好。千变万化的笑容一般人是难以做到的，其实也没有这个必要。只要我们能训练自己具备三种自信的笑容，就足以让我们拥有广阔的人际圈。

人类的笑容根据嘴部张合的幅度可分为三分、五分、十分三种：

1. 三分笑容

嘴角稍微上扬。一般适用于初次见面的人之间。

2. 五分笑容

嘴角张大一些，笑不露齿。通常会出现在彼此间的互动良好的时候。

3. 十分笑容

露出牙齿的笑，甚至哈哈大笑、开怀大笑。

如果我们每天对着镜子苦练20次，不到3个月的时间，就能够见出成效。我们羡慕的那些影视演员也不是天生就会演戏的，他们也是经由不断地练习才训练出来的。最重要的是笑容要配合恰到好处的时机，真诚的笑容一般是没有人会拒绝的。

见面时相互握手是人与人之间缩短心理距离的最好方式。在彼此握手的力度上可以清楚地了解彼此之间的沟通是否已经有了成效（一般异性之间较难确认，同性之间较容易察觉）。

握手的力度一般可分为三种类型：保守型、中庸型、热情型。

1. 保守型

也叫防卫型。握手时力度较轻，手掌握合的面积较小，约为 1／2。

2. 中庸型

一般力度，手掌握合的面积约为 2／3。

3. 热情型

力度较重，手掌握合面积为全部，甚至必要时会加上另一只手掌，以双手合掌的方式交握。

我们一般用见面第一次握手时的力度及热力的感受，与离别时的握手力度及热力的感受相比较，就能够判断出我们是否给人留下了良好的印象，对方是否愿意与我们进一步交流。

第十二章
心灵沟通：
把话说到对方的心坎里

不能达成共识的谈话注定是失败的。
沟通时，要给予对方在心灵及心理方面的
满足感，把话说到对方的心坎里，触动心
灵，让对方发自内心地接受你。与心沟
通，而后决胜千里。

从面部表情透视心理

抓住对方的表情才能知晓对方的真实情绪。

人类的面部表情是内心活动的真实写照。通过脸上表情的变化我们可以窥探出一个人内在的动机，把握其情绪变化的尺度，进而就可以了解那个人的心理。所以，表情就是心理信息传递的显示器。在人的心理活动中，表情往往最能直接反映出一个人的情绪，假若我们善于借助面部表情去推测一个人的内心活动，这样就可以帮助我们在交往中去了解一个人的内心世界，把握住对方的意图，从而达到我们与人交往的目的。

李先生曾经做了一次声情并茂的演讲。他十分擅长观察听众的表情。演讲的时候，他提出了这么一个问题：大家想不想听听我是怎样读文章的？

台下的学生自然是十分高兴，异口同声地说："想"。

于是，李先生开始声情并茂地读了一段文章，非常流利，非常好听。这个时候，大家被他地道的演讲水平吸引而流露出敬佩和羡慕的表情，他就马上提高了嗓音说："你们想达到我的水平吗？"

学生们当然又是异口同声地说："想"。然后他就开始向大家讲怎样做才能达到他的水平。

这样一来，学生们就会全神贯注地听他讲如何学好演讲。如果李先生不注意下面学生的表情而按传统死板的方法自顾自地讲，学生多半会没有多大反应，心不在焉，认真听的人必定寥寥无几，自己演讲的目的也就不能达到了。

当我们与他人交往时，尤其是在与对方谈话的过程中，我们要留心他的每一个细微表情。在交往的时候，人们都会无意识地表达自己的情绪，除非他是一位不露声色的高手。

一般来说，愉快的表情较为明显，其特点是：

(1) 嘴角稍向上翘起；

(2) 眼睛微微闭合，鱼尾纹增多；

(3) 眉部肌肉舒缓。

不愉快的表情特点有：

(1) 嘴角下垂；

(2) 面部下拉，双唇紧闭；

(3) 双眉紧锁，有的皱成"倒八"字。

下面就具体的部位作一些详细的介绍。

1. 眼睛。眼睛是人们心灵的窗户，人的各种心思最容易在眼睛里表现出来。当对方认真地与我们交流时，他的目光一定会时不时地注视着我们。交谈当中，我们一旦发现对方显出疲倦的样子，比如两眼不时地看其他东西，此时就显示出对方已不想再听我们说下去，我们最好能够把握住时机，适可而止。特别是在与领导、上司交谈的时候，最忌讳空洞的眼神、废话连篇。

2. 眉毛。我们观察对方眉毛的变化最好要结合额部，因为二者的表情动作往往是连在一块儿的。当对方赞同我们的观点时常出现舒展双眉、额部肌肉上扬的表情；对方眉头突然紧皱一下，表示对我们的观点感到惊讶或否定。若对方一直皱着眉头凝视着某一个东西听我们讲话，那我们最好简短作结。

3. 鼻子。鼻子的表情动作一般不多，但含义通常较为明确。表示厌恶或不屑时，人们往往会耸起鼻子，愤怒时鼻孔张大，紧张时鼻腔收缩。若对方在谈话的过程中不断用鼻子叹气，则表示对方遇到了困难或不顺，希望能得到我们的帮助。

4. 嘴。嘴部的表情一般体现在口形的变化上。伤心叹气时嘴角容易伴随鼻子呼气而向下撇，欢快时嘴角会向上翘，委屈时通常会撅起嘴巴，惊讶时会张大嘴巴，忍耐、痛苦或思考问题时往往是紧咬下唇或紧闭双唇，龇牙咧嘴则是残暴者发怒的凶相。

我们通常可以从一个人的面部表情和动作中，推测到那个人当时的心理情况，并能进一步了解到他的性格特征与真实意图。按照人们的日常行为情况，大致有以下几种情形：

假若一个人正在专心工作时，忽然停下来沉默不语，并明显地流露出不悦的表情，那么这个人一定是遇到了什么不好的事情，并且是突如其来的坏事。在这个时候，他因为难以承受一时的压力才会表现出如此失常的表情。他属于那种心理欲求没有得到满足而又缺乏耐性的人，面对事情不能做出正确的分析，只是惊慌失措，一般想不出什么好的处理方法。这种人的性格相对比较懦弱，缺乏坚强的定力，并带有一定的消极因素与守旧思想。这时，这种人是最渴望得到来自他人的帮助的，如果我们诚心实意地去帮助他的话，他会知恩图报，并把我们视作是其挚友。

假若某个公司职员对其上司有所不满，但只是敢怒不敢言，他就会装出一副面无表情的样子，做事情提不起丝毫的激情。此时，作为领导的就要留意观察属下的表情了，以便及时纠正自己所犯下的错误。

此外，还有两种毫无表情的情形。一种是漠不关心，另一种是根本没有放在心上，不屑一顾。此时我们最好不要打扰这类人，或与其谈论什么事情。当然，也有相反的情况，有人本来内心非常热情，可表面上像一块冷冰，他不愿让人轻易地就看出来。

综上所述，交往中我们千万不要忽视对方的表情，抓住对方的表情才能知晓对方的真实情绪。从对方的面部表情察觉出对方心理的变化，对于我们建立良好的人际关系是不无裨益的。

把话说到点子上

说话不在于多少，而在于是否说到了点子上。

在这个世界上，我们谁都离不开语言这个交流工具，学会说话是我们生活的调味剂，是我们事业的助推器，是我们社交的和谐乐曲。

学会说话，我们就能朋友遍天下，家庭美满幸福，事业如虎添翼。聪明之人说话时，言简意赅、点到为止；智慧之人说话时，恰到好处、弦外有音。如果我们想拥有出色的口才，就要学会把话说到点子上。

意大利物理学家、天文学家和哲学家伽利略在年轻的时候就给自己立下了雄心壮志，一定要在科学研究方面做出一番成就，他希望得到父亲的支持和帮助。

有一天，他对父亲说："爸爸，我想问您一件事，是什么原因促成了您和我们妈妈的婚事？"

"我看着她顺眼。"父亲平静地说。

伽利略又问："那您有没有娶过别的女人为妻？"

"没有，儿子。家里的人曾要我娶一位富有的女人，可我对你的母亲情有独钟，她从前可是一位温柔漂亮的姑娘……"

伽利略说："您说得一点儿都没错，她现在依然风韵犹存，您不曾娶过别的女人，因为您爱的是她。您知道，我现在也面临着和您当年一样的处境。除了科学以外，我对别的任何职业都不感兴趣，因为我真正喜爱的是科学。别的对我来说毫无意义，也毫无吸引力！难道您要我去追求财富与荣誉吗？科学是我唯一想要的，我对它的爱就像是对一位美貌女子的倾慕……"

父亲说："像倾慕女子那样？你怎么会有这样的想法呢？"

伽利略说："一点儿没错，亲爱的爸爸，我18岁了，已经成年了。别的学生，即便是最穷的学生，都已考虑到了自己的婚事，可是我从没想过那方面的事。我不曾与人相爱，我想今后也不会与人相爱。别的人都想找一位美貌的姑娘作为终身伴侣，而我只愿与科学为伴。"

父亲始终没有说话，他仔细地听着儿子的讲话。

伽利略继续说："亲爱的爸爸，您有才干，但却没有力量，而我却能二者兼而有之。为什么您就不能帮助我实现自己的愿望呢？我一定会成为一位杰出的科学家，获得教授身份。我能够以此为生，而且比任何人生活得都好。"

父亲有点为难地说："可我没有供你上学的钱啊。"

"爸爸，您听我说，很多贫穷的学生都可以领取奖学金，这钱是公爵宫廷给的。我为什么就不能去领一份奖学金呢？您在佛罗伦萨有那么多的朋友，您和他们的交情都很不错，他们一定会尽力帮助您的。也许您能到宫廷去把事办妥，他们只需去问一问老奥斯蒂罗·利希就行了，他了解我，知道我的能力……"

父亲被说动了："嗯，你说得很有道理，这是个不错的主意。"

伽利略抓住父亲的手，激动万分地说："我求求您，爸爸，求您想个法子，帮帮我。我向您表示感激之情的唯一方式，就是……就是我保证成为一个伟大的科学家……"

最后，伽利略成功地说服了自己的父亲，他之所以能够成功地将父亲说服，那是因为他充分了解了父亲的心理，一步步诱其深入，每一句话都说到了点子上，最终把他的父亲说服了。

我们人类的行为都是由于心理的欲望而产生的，要想说服别人做某事，首先要投其所好、诱其深入，学会把话说到点子上。美国汽车大王亨利·福特曾说过："如果成功有秘诀的话，那就是站在对方的立场来考虑问题。"

我们之所以会遇到沟通不畅或是失败的问题，是因为我们中的很多人对沟通中存在的问题往往认识不清，根本不知道自己的问题究竟是出在哪里。

最让人感到可笑的是，有些人一旦沟通不畅，就会列举一堆的理由去解释沟通的失败，比如，他们会说"对方是个十分难缠的人"、"今天天气很坏，影响谈判的心情"、"昨晚没有睡好"……虽然理由各种各样，但都有一种共同的倾向，即把沟通失败的原因归咎于别人或其他的外在因素。这种倾向在心理学上被称为"自我服务偏差"。

"自我服务偏差"基于人心理上的一种自我防御本能，它导致人们对沟通问题本身的认知偏差，最终导致无法发现沟通中的真正问题。这种对沟通问题的不明了将直接导致模糊沟通，这就是那些滔滔不绝、口若悬河的人不能达成沟通目的的原因所在。在与人进行有效的沟通时，不仅要会说话，还要学会把话说到点子上，用心理学的术语来说就是明确沟通的目标。

心理学家指出，人们的思维并不完全符合客观、富有理性的逻辑思维，很多时候，因为认知过程本身固有的局限和动机等因素的作用，外界信息在经过大脑的思维加工时会产生一些错误和偏差。其中，"自我服务偏差"通常会使人们主观臆断对方的心理和行为，朝着利己的方向解释出现问题的原因，从而造成沟通不畅。

儿子：爸，我想买部汽车还差一点儿钱，你能先借我点儿吗？

爸爸立即反对：你才多大啊，就想开车？没驾照是不能开车的。

儿子：我都大学毕业了，还不可以开车啊！驾照我早考了，就是没车。

爸爸：你怎么突然想起要买车了？

儿子：每天上班不方便，地铁太挤了！

爸爸：那从明天开始我开车送你吧？

儿子：不用了，你又不顺路。

爸爸向儿子妥协说：那你开我的车，我坐单位的班车，这样总可以了吧？

儿子：我才不开你的车呢，太大、太笨重了。

爸爸不解地说：地铁你嫌挤，我的车你又嫌大，你究竟想怎么样啊？

儿子：哎呀，我就是想要买部新车。

爸爸：我的车刚买不久，还挺新的。

儿子：算了，不向你借了，大不了我把李强新买的那部车买下来，他要出国了，正想卖车呢。

爸爸很生气地说：你这小子，宁可买别人的车，也不要你老子的车。你说，这到底是为什么？我那车有什么不好吗？

儿子：我就是不喜欢你那车！

父子俩就这么谁也不让谁地吵了起来。

上述例子中，那对父子的沟通为什么会失败呢？做父亲的认为儿子想买车是为了上班方便，而儿子的真实意图是想买一部适合年轻人开的车。父亲觉得汽车实用最重要，儿子则认为自己的车子必须轻巧、时尚。不管是儿子还是父亲都是从自己的角度去考虑问题，这就是沟通产生障碍的根源所在。

在我们日常的工作与生活中，很多沟通问题产生的根源都是沟通双方的自我服务偏差所造成的交流障碍。所以，在与人沟通时，必须，把话说到点子上，这样我们才能够达到与人沟通的目的。

把握对方底线，交流事半功倍

> 我们每个人都有自己的"底线"，我们内心深处都希望别人能够尊重自己的"底线"。

在与人交际的过程中，如果我们能够很好地把握住了对方的底线，就很有可能会收到事半功倍的效果，但一定不可试着去超越他人的底线。试想一下，一旦有人超越了我们自己的"底线"，不管是有意的还是无意的，我们都会怒不可遏。我们自己有"底线",别人同我们一样也有他们的"底线"。对于别人的"底线",我们同样不可触碰。一旦伤害到别人的自尊,我们再想挽回或弥补自己犯下的错误,那将是很难的。所以,我们要在维护自己的"底线"时,也要学会尊重别人的"底线"。

19世纪末,法国的一家公司和哥伦比亚签订了合同,计划在哥伦比亚的巴拿马省境内开通一条连接大西洋和太平洋的运河。主持运河工程的总工程师就是因开凿苏伊士运河而在全世界享有盛名的法国人雷赛布。

雷赛布自认为主持这一工程不在话下,然而巴拿马的地理环境与苏伊士极其不同,工程进展得很慢,开始出现资金短缺的现象,于是公司陷入了一个窘迫的境地。

早在1880年,美国就想开凿一条连通两大洋的运河。由于法国捷足先登,提前与哥伦比亚签订了条约,美国非常后悔。

在这种情形下,这家法国公司的代理人布利略访问美国,向美国政府兜售巴拿马运河公司,开价1亿美元。美国对运河公司早已垂涎三尺,知道法国拟出售公司更是按捺不住心中的狂喜。

不过,美国却故作姿态,罗斯福命令美国海峡运河委员会提出报告,证明在尼加拉瓜开凿运河省钱。该报告指出,在尼加拉瓜开凿运河的全部费用不足两亿美元。虽然开凿巴拿马运河的直接费用只有1亿多美元,但另外要付出一笔收买法国公司的费用。这样,开凿巴拿马运河的全部支出将达到2.5亿多美元。

布利略看到这个报告后很是吃惊。假若美国不开凿巴拿马运河,法国不是一分钱也收不回了吗?于是他马上游说美国政府,表明法国公司愿意减价,只要

4000万美元就可以了。通过这一方法，美国政府减少了6000万美元的开支。

同时，罗斯福又用同一计策去压哥伦比亚政府。他指使国会通过一个法案，规定美国必须在适当的时间内同哥伦比亚政府达成协议，选择开凿巴拿马运河。否则，美国将选择在尼加拉瓜开凿运河。

这样一来，哥伦比亚政府就坐不住了，驻华盛顿领事马上找到美国国务卿海约翰协商，同意以100万美元的代价长期租给美国一条两岸各宽3公里的运河区，美国每年另付租金10万美元。

在上述的谈判过程中，美国政府始终牢牢把握住了对手的心理底线，利用以退为进的策略，最终以相当低的价格达到了自己的目的。

谈判能力往往可以反映出一个人的综合素质，一般来说，善于读懂别人的心理、能够窥探到别人心理底线的人，一定有着特别强的说服能力和谈判能力。

所以，在交际过程中，若是能够很好地窥探到对方的心理底线，则很有可能会收到事半功倍的效果；相反，如果不能很好地把握对方的底线，则很有可能会事倍功半。当然，我们绝对不可以去试着超越他人的底线，一旦超越，将会对别人的自尊心造成极大的伤害，这是我们在交际过程中要竭力避免的。

把话说到对方的心坎里

找到对方的动情点，引入对方喜欢的话题。

人与人之间的沟通主要是靠语言进行的，说话能够反映一个人的沟通能力。会说话的人，可以使双方沟通顺利、相处愉快，而且能帮助其赢得好人缘。会说话的人，往往是顺着人性，并且会因时、因人、因地而异，同时也能够表达出自己的观点和见解。与人交谈的过程中，我们只要找到对方的动情点，就能够把话说到对方的心坎里。

社会心理学家指出，被人赞扬、受人尊重能使人感受到生活的激情和做人的价值。这是我们与人交流时需要注意的一个很大的动情点。赞扬能释放一个人身上的能量，进而调动其积极性。世界上没有谁不喜欢被人称赞，常用使人悦服的方法去赞扬别人，是博得他人好感的好方法。

会说话的人，在这个世界上才能赢得掌声与鲜花，也才能使自己的工作与生活一路畅通无阻。所以，掌握一些常用的赞扬别人的技巧，把话说到对方的心坎上是十分重要的。以下几点可供参考：

1. 真诚地赞扬别人

奉承绝不是赞扬，只有发自内心的赞扬才会起到应有的作用，奉承也许会管用一两次，但是时间长了就会让人感到厌烦，让人觉得你这个人很不诚实。

我们要做到真诚地去赞扬别人，就不能脱离实际，必须是自然、诚恳、由衷和热情的。比如，把一位自知长相很普通的女性夸成美若天仙，只会被她当成恶意的嘲讽；面对一位姿色平平的女性，我们不妨赞美她活泼开朗，或赞美她的聪明才智，或赞美她教育子女有方，等等。

2. 当面、直接、及时地赞扬别人

赞扬一定要直截了当，而且最好要当着别人的面赞扬，发现值得赞扬之处时应及时给予赞扬。比如，我们可以说"你这个发型真好看"、"你的外套真漂亮"、"你是一位好职员"、"你的看法没错，我很赞同"，等等。

3. 赞扬一定要具体

泛泛的赞扬会让人觉得我们很不用心，它不会让听到赞扬的人感到真正的快乐。当赞扬别人时，最好不要说"挺好"、"不错"、"真棒"，而应该配以可称赞的事实、细节，只有这样，赞扬才会更有效。

比如，我们可以说："你那件棕褐色的外套很配你的肤色，真有眼光啊。"

4. 赞扬时，不要撒谎，要说实话

假若对方哪怕只有一次对我们的真诚表示怀疑，那么他就很难再完全接受我们的称赞了。不过，只有真诚还是不够的，我们还要掌握一些策略。

（1）循序渐进，刚开始时少称赞一些，逐渐加大赞扬的频率；

（2）开始的措辞相对要谨慎一些；

（3）不可一味地称赞，也可以提出自己的意见；

（4）不要用对方对我们的称赞去回赞对方；

（5）表达赞扬之意时，最好不要将对方与别人相比较。

在现实生活中，我们往往会遇到这样的情形：虽然你竭力想把话说到对方的心坎里，但是很多时候，我们还是会触碰到对方的"禁区"，使交流陷入尴尬的境地。在这个时候，我们就需要通过一些巧妙的话去缓解彼此间尴尬的气氛。

1. 用幽默扭转劣势

当我们所说的话让对方感觉到了不快，我们就要学会用幽默扭转这个于我们不利的僵局。

我们可以用多种方法展示幽默，比如插科打诨，不管是怎样无聊的笑话，都能在气氛尴尬时缓解一下。

当然，说幽默的话还不够，还必须具有幽默感，这就需要在平时多搜集一些幽默的素材，平常我们可以多看看漫画、电影、电视娱乐类节目，还可以浏览一些网上的趣闻逸事。这样，就可以在关键时刻把大家都熟知的笑话得体地插进来，以便扭转劣势。

2. 适度示弱，以退为进

无论是在工作上，还是在生活中，我们没有必要处处争强好胜。这样很容易让别人产生反感情绪。在对方处于绝对优势时，不妨以退为进，向对方适度示弱，承认自己的缺点与不足，表现出自己谦虚好学的一面。

如果我们从对方的立场出发，为对方着想，把话说到对方的心坎里，对方还会对与我们继续交往有什么顾虑呢？

想必我们都有过这样的经历，当我们向一个人诉说他认同的观点、立场、爱好或经历时，两人之间很快就能够产生共鸣，碰撞出激烈的火花。心理学家指出，这其实就是人的一种惺惺相惜的心理。根据这种心理，在与他人交往时，假若我们能找到对方的"动情点"，把话说到对方的心坎里，就能很容易地与对方建立起良好的交往关系。

不过与人交谈时，要想把话真正说到对方的心坎里绝非说说那么简单，要想真正做到投其所好，除了不断拓宽自己的知识面外，还需要掌握一些技巧和要领，从而保证我们在与他人沟通的时候，可以随时随地引入对方喜欢的话题。

擅用优美言辞，激发对方交谈积极性

> 别人想听什么，我们就尽量说些什么。

人类往往有着这么一个共性，即每每从别人口中听到自己想听的话，整个身心就会备感愉悦。一般来说，善意而又沁人心脾的话最容易让人接受，如果我们说的话让对方很受用，很显然，对方就会对我们产生一定的好感，接下来的继续交往也便是顺理成章的了。所以，我们与人交谈的过程中，很有必要注意一下自己的说话方式，在开口说话之前要好好地想一想，这句话对方会喜欢听，还是不喜欢听。

我们在与对方交谈之前，不妨先了解一下其爱好、专长等，或者留意观察一下对方与别人交谈的话题，找出对方对什么样的话题感兴趣。这样跟对方交谈的时候，他就会觉得我们是一个善解人意的人，从而产生一种被尊重的感觉，很自然地，他就会乐意与我们继续交往了。

日本作家多湖辉在其所著的《语言心理战》一书中，描述了这样一件趣事。

被誉为"销售权威"的霍依拉先生的交际诀窍是：初次交谈一定要扬人之长，避人之短。

有一回，为了替报社拉广告，他拜访了梅伊百货公司的总经理。

一阵寒暄之后，霍依拉突然发问："您是在哪儿学会开飞机的？总经理能开飞机可真不简单啊。"

话音刚落，总经理异常兴奋，谈兴大发，广告之事当然不在话下了，霍依拉还被总经理热情地邀请去乘他的私人飞机呢！

我们每个人都有自己的长处，当然也都有自己的短处。一般而言，人们都希望别人多谈自己的长处，不希望别人多谈自己的短处与不足。与初次见面的人交谈时，假若用直接或间接的方式以对方的长处作为开场白，或者是以对方感兴趣的事情作为开场白，也就是说别人想听什么，我们就尽量说些什么，就能使对方高兴，对我们产生好感，交谈的积极性也就会得到极大的激发。

一位牧师正向周围的一群听众讲解《圣经》教义。牧师的声音十分动听，并且他能把那些平常令非教徒感到枯燥无味的教义讲解得异常生动。

他说："上帝深爱着他的每一位子民，并且给予了他们一样的机会和能力，只不过有的人对深藏在自己体内的能力发掘得较早，而有的人则晚一点儿罢了。只要不放弃，我们每个人都会得到上帝的帮助。"

最后他以一句极富感情的话作为这次讲解教义的结束语："让我们共同努力吧，每一位上帝珍爱的子民，每一位从天而降的完美天使！"

当牧师打算走下讲坛的时候，周围的听众当中有人表示，牧师的讲解虽然很能打动人心，可是却并没有按照事实说话。所以这些人要直接与牧师对话，希望牧师能够解答他们心中的疑惑。牧师表示非常愿意和他们一起面对难题。

首先向牧师发问的是一位嗓门很大的青年男子。这位男子用右手食指指着自己的塌鼻子对牧师说："假若像你说的那样，上帝对他的每一位子民都是公平的，那他为什么把别人塑造成完美的天使，而我却长着这样一个难看的鼻子？"

青年男子的话引起了周围人的一阵哄笑。或许他们是在笑能言善辩的牧师遇到了难题，也或许是在对青年男子的自嘲感到好笑，但是他们的这阵笑声却更令青年男子感到不高兴。他认为众人是在嘲笑自己的塌鼻子，所以有些敌意地瞪着牧师，等待牧师作答。

牧师依然微笑着，依然用自己动听的声音回答了青年男子的问题："你当然也是上帝最珍爱的完美天使，只不过从天上降临人间的时候，你的鼻子先着地而已。"

牧师的话说完，周围的人一阵赞许地微笑。年轻人也听出此时人们的笑中满含着善意与理解。

随后，又有一位天生瘸腿的女子也向牧师就自身的生理缺陷提出了疑问，她认为上帝对自己非常不公平。

牧师用同样的语调和态度对眼前这位看上去十分自卑的女子说："在你从天堂来到人间的时候，你忘了在降落的过程中打开降落伞，而且你是用单脚着地的。"然后牧师指了指自己的一双短腿笑着说道："我同样忘记了在降落的过程中打开降落伞，不过我是双脚一齐着地的。"

牧师的话音刚落，台下响起了一片掌声，而那两位提出疑问的青年男女脸上露出了难得的自信与笑容。过去他们总是为自己的那点生理缺陷而自卑、难过，可是现在他们可以很从容地站在人群当中了，因为他们相信，自己同样是上帝珍爱的完美天使。

看完上述故事，相信我们每一个人都会思索良久，这是一个蕴含人生哲理的故事。那位牧师无疑是非常聪明的，他针对故事中两位有着这样或那样生理缺陷的男女，用微笑和动听的话语让那两个为自己的生理缺陷感到自卑的人，卸下了一直背负着的沉重的心理包袱，他让他们相信自己也是上帝最珍爱的完美天使。牧师的聪明之处，就在于他理解别人的心理，他知道别人想听到什么样的话。

一般说来，谈话的话题应该视对方的情形而定，再好的话题，若不能符合对方的心理需要，就无法引起对方的兴趣。最好是想办法引出两人都感兴趣的话题，才能聊得投机，然后再设法慢慢地把话题引进自己所要谈论的范围内。

要让谈话留有余韵，就必须使用优美的言辞，假如为了加强印象，故意讲些粗鲁的话，则反而会增加对方的不愉快，弄巧成拙。所以，为了使对方对你产生好感，必须言语和善，讲话前先斟酌思量，不要脱口说出伤人的话，破坏周围的人际关系。

擅长运用谈话技巧的人，能够利用言语使对方产生好感。要想做到这一点，就必须避免和学识浅薄的人一样，只知道说些无关紧要的琐事。眼界要放得远些，谈话的内容不妨从大事着手，注意速度的平顺流畅，使对方不由自主地受到吸引。

对有些人来说，谈话的艺术就在于毫无艺术可言，犹如穿衣，宽松舒适即可，这种情形常见于朋友闲谈；而在更为高雅一点的氛围内，交谈就变得深奥，时时会流露出人们的真知灼见。若想成功地进行交谈，必须调整自己，以求和对方达成默契，不要对他人的修辞表达过分挑剔，否则交谈会不欢而散。